実践
二瓶メソッドの国語授業

編著
二瓶弘行

著
夢の国語授業研究会

はじめに ―「国語教師」としての夢を抱き、夢を追う―

　早稲田の文学部の学生だった頃、シルクロードを旅することが「夢」だった。就職先として「教師」はほとんど視野になかった私だが、教育免許を採るための授業は受けていた。ある講義でレポートが出された。灰谷健次郎作品「兎の眼」と「太陽の子」を読んで感想を書くことだった。

　読み終えて、小学校の先生になろうと思った。そして、早稲田を卒業した春、玉川大学に編入し、教職課程の単位をとるために夜間スクーリングに通った。新採用は、故郷新潟の公立小学校。右も左も分からぬままに教師を続けた。

　三十歳の頃、「太陽の子」と呼ぶ、六年生に出会った。たった一年間のつきあいだったが、彼らの出会いが小学校の先生として生きることをはっきりと決めさせてくれた。そして、好きだった国語の授業をまともにできる国語教師になろうという新たな「夢」をもった。

　新潟での教員生活が十年を過ぎたとき、幸運にも上越教育大学の大学院への内地留学の機会を得た。二年間にわたり、国語教育の学びに没頭できた。修士論文は「文学読書単元の構想―学習者主体の文学教材指導の追究―」。

　そして、縁あって、筑波大学附属小学校に赴任した。

　あれから、教え子たちに語り続けている、国語教師としての私の「夢」。

　そのクラスでは、誰もが読みたくてたまらない。一編の文章や作品に描かれた言葉を丁寧に検討し、言葉の意味、文章の要旨、作品の主題を自分らしく読み取り、自分の考えや読みの世界を確かにもつことに懸命になる。

　そのクラスでは、誰もが書きたくてたまらない。自分という存在を書き表すことの喜びが分かり、書くことで自分らしさを確認でき、仲間に伝えられることを知っている。だから、必死に言葉を選び、構成を考え、表現を工夫する。

　そのクラスでは、誰もが話したくてたまらない。ある話題について、自分の思いを言葉で表現しようと、誰もが適切な言葉を探すことに必死になる。思い

を託せる言葉を持てたら、仲間に伝えようと懸命に挙手する。

　そのクラスでは、誰もが仲間の考えを受け取りたくてたまらない。ある話題について仲間はどう考えるのか、自分の抱く思いと同じなのか違うのか、知りたくて仕方がない。だから仲間の発する言葉に必死に耳を傾ける。

　そのクラスでは、言葉を媒介にして、思いを伝えあうことの重さを誰もが知っている。言葉は「自分らしさ」を仲間に伝え、仲間の「その人らしさ」を受け取る重要な手段であることを、学級集団全員が「価値」として共有している。

　そのクラスでは、言葉が、静かに生き生きと躍動している。

　ずっと、まともな国語授業を追い求めてきた。数え切れないほどの公開授業を重ね、数え切れないほどの授業研修会で講演し、飛び込み授業をしてきた。多くの実践研究書籍も上梓してきた。日本全国各地に何年にもわたり深く関わり合う仲間ができた。夢塾という定期的に一緒に学び合う同志もできた。

　私の「夢」追う日々も、二十四年の年月を重ねている。

　その過程を本書にまとめた。「夢」をともにして教室実践を続けている、多くの深き仲間たちも寄稿してくれた。また、「夢」を支え続けてくれた東洋館の西田亜希子氏の情熱的な編集者魂なくして本書もない。心からの謝意と敬意を。

　夢を抱き、夢を追う人生。国語教師であろうとしたことに悔いはない。

　　　　—きりりと晴れ上がった真冬日の午後に—　　　　二瓶弘行

実践 二瓶メソッドの国語授業　もくじ

はじめに………………………………………………………………………… 3

第1章　二瓶弘行の国語授業　　　　　　　　　二瓶弘行

物語の自力読み	その本質 1	物語の自力読みの力を獲得させよ………… 8
説明文の自力読み	その本質 2	説明文の自力読みの力を獲得させよ……… 28
語り	その本質 3	文学作品の語りで自分らしさを表現させよ…… 43
対話	その本質 4	仲間との「対話」で伝え合う力を育てよ…… 54
単元	その本質 5	「ドラマ」ある国語単元をつくる………… 64

第2章　実践 二瓶メソッドの国語授業

対話（自力読み）
　仲間と対話し、学びを深め合うことのできるクラスに…………（弥延浩史）72

説明文の自力読み
　説明文の美しいしくみを学ぶと，文章が立体的に見えてきた…（加地美智子）76

説明文の自力読み
　説明文の「美しいしくみ」「論の展開」を表現に生かす
　―「食べ物のひみつを教えます」の実践から―………………（左近伸一）80

物語の自力読み
　「自力読み」を基盤にした読解力向上カリキュラムの構築…（谷内卓生）84

物語の自力読み・発問
　物語の人物の様子からその思いに迫る―低学年での実践―…（田中元康）88

物語の自力読み
　確かな読みの力を育む国語授業づくり―深い学びにつなげるために―…（長屋樹廣）92

物語の自力読み
　「あなたの考え，分かるよ！なるほど！」と言い合えるクラスに…（藤井大助）96

物語の自力読み
　二瓶メソッド「作品の心」私はこう授業する！……………（松岡俊宏）100

物語の自力読み
　物語を読み直す原動力となる「核となる問い」の生み出し…（山口健）　104

作品の星座
　自らの「作品の星座」を探す ……………………………………（宍戸寛昌）　108

対話
　ペア対話で「目で語り合う」子どもたちを目指して ………（比江嶋哲）　112

対話
　対話を通して自分の考えを広げたり深めたりする力を育てる…（中塩曜子）　116

語り／物語の自力読み
　子どもたちが自らの力で表現する「言葉の空間」の創造 …（小林洋之）　120

語り
　自分らしさを発揮できる子に ……………………………………（小林康宏）　124

語り
　「語り」に向かうプロセスは，快活に声が響く学級への道！…（藤原隆博）　128

語り
　あの「語り」の輝きを追い求めた日々…………………………（山本真司）　132

語り
　自己表現を楽しめる子どもの姿を目指して …………………（石櫃孝啓）　136

語り
　表現することが楽しくてたまらない子どもを育てるために…（牧英治郎）　140

変容から読む物語の授業づくり
　納得解に向けて，仲間とともに考えることを楽しむ授業を…（河合啓志）　144

夢の国語教室
　「夢の国語教室」を追って ………………………………………（広山隆行）　148

子どもに向ける「目線」「目力」
　「目線」と「目力」とで思いを支える－やる気を引き出す…（井上幸信）　152

第1章

二瓶弘行の
国語授業

物語の自力読み

その本質 1 物語の自力読みの力を 獲得させよ

❶ 小学校ゴール段階での子どもの読みの姿

　三週間後に卒業式を控えた六年生三月初めの国語教室。

　クラス全員誰もが読んだことのない，一編の物語作品「瑠璃色の翼」を印刷したプリントを配布する。

　「小学校最後の国語授業で，この物語の『作品の心』を話し合ってみよう。」

　六年生の子どもたちに，自分の読みを創るのに何時間必要か，私が聞く。

　そして，八時間の個人学習の後，それぞれが受け取った「作品の心」を交流し合うことを確認し合う。その際には，担任教師の私自身，二瓶弘行の「作品の心」をみんなに話し伝えることも約束した。

　一人での学びに入る前に，作品の音読だけを全員ですることにする。

　私が「誰か読みたい人，読んでくれる？」という前に，クラス全員が挙手をしている。「ハイ！ハイ！」などとうるさく叫ばず，静かに「私に読ませて」という意志を目に込めて，まっすぐに手を挙げる。そうすることが「教室に私がいる意味」と，当たり前のように，ごく自然に。

　いよいよ，子どもたちは，八時間の個人学習に入る。

　ある子は，分からない語句を調べるため，国語辞書を開く。ある子は，一人で小さな声で何度も繰り返し音読する。いずれも，物語の読みの大切な初期の活動として，学んできたことだ。

　そして，一人の女の子，マリ子は，「作品のしくみ」を把握する学習に入る。

　まずは，場面を構成する要素である「時・場・人物」に関わる言葉を押さえながら，全体の「小さな場面構成」を捉える。マリ子は，この「瑠璃色の翼」

は八場面構成と読んだ。「時」の表現を検討すれば，おそらく誰もが八場面と捉えることは容易だろう。妥当な読みだ。

この「小さな場面構成」を捉えることで，作品の大きな流れをつかむことができると，マリ子は知っている。これまでの物語の授業を振り返ると，中学年の頃は，加えて「あらすじ」をまとめる学びをしてきた。八つの小さな場面ごとに，「時・場・人物（したこと・思ったこと）」に関わる重要な言葉を落とさずに，なるべく短い一文に表現する。その八つの文を合わせた文章が「物語のあらすじ」。作品全体の大きな流れを捉えるために意義ある活動であるが，マリ子は，「小さな場面構成」を押さえることで，よしとすることにした。

さて，次は，「作品のしくみ」の検討だ。マリ子はこれまでの読みで，この物語「瑠璃色の翼」は典型的な基本四場面の構成だと気付いている。すなわち，第一場面が前ばなし。第二場面から第六場面が出来事の展開場面。そして，クライマックス場面は第七場面であり，その後を描いた第八場面が，後ばなし場面。

いよいよ，自分の「作品の心」（その作品が読者である自分に最も強く語りかけてきたこと＝主題）を明らかにしていく読みの段階に踏み込んでいく。

あることが最も大きく変容するところであるクライマックス場面を押さえることで，今後の読みの過程が自ずと見えてくると，マリ子は学んできた。必然的に生まれる「大きな読みの問い」が明確に浮かび上がってくるからだ。「最も大きく変わったことは何か，それはどのように変わったのか，そして，どのように変わったのか」の三つの問いである。

マリ子は，クライマックス場面を中心に，前ばなし場面と後ばなし場面を比較することで，最も大きく変わったことを，物語の中心人物「タマ」の「心の『暗』から『明』への転換」と大きく捉えた。

続けてマリ子は，その読みをさらに具体的に明確させるために，出来事の展開を押さえながら，「タマ」の心情の変化を作品全体から読み直す。そして，その「心」を表現している言葉をノートにまとめていく。

決して人前で涙を見せることがなかった「タマ」という人物が，クライマックス場面で仲間たちに肩を優しく叩かれたときに一粒の涙をこぼした。その涙

に込められたタマの思いが，マリ子にとっての「オンリーワンの読みの課題」
となる。たった一人での読みの過程のたった一つの読みの課題。

　マリ子は，「どんな悲しみもいつか希望へ」という言葉で，自分の「作品の
心」をまとめた。そして，その「作品の心」を軸に，物語の最終の感想を文章
としてまとめていく。「私の『作品の心』は，この言葉たちによって支えられ
ているんだよ。」ということが，自分の文章を読んだ仲間に伝わるように。

　八時間の個人学習を終えたクラス全員が，最後に学び合う。

　自分の力で読み，しっかりと受け取った，自分の「作品の心」を伝え合う。

　一人の子が，話し始める。仲間たちがいる方に目を向け，仲間に分かっても
らおうと懸命に言葉を選びながら，話し続ける。他の子どもたちは，話す仲間
の目を見ながら，その話の内容を精一杯受け止めようと聞く。うなづいたり，
微笑んだり，「あなたの話を私はしっかり聞いているよ」と態度で示しながら。

　そうして，その子が話し終わると，「今度は私に話させて」と，それまで聞
いていた子どもたちが手を挙げる。誰かが発言のチャンスを得る。その子が仲
間たちに向かって話し始める。仲間たちはまた，その子が何を読み，何を考え
たのか，必死に目と耳で聞こうとする。

　クラス全員誰もが，自分の読みを仲間に聞いて欲しくてたまらない。

　クラス全員誰もが，仲間の読みを受け取りたくてたまらない。

　そのとき，子どもたちが創り上げる「空気」の中に，私はいたい。いつか。
遠い，「いつか」。

　こんな学びの空間を，私の「自力読み」の授業は追い求める。

❷ 物語を確かに読むとは，物語の「作品の心」を受け取ること

　六年生の国語教室。クラスの中でも数少ない，物語を読むことが大好きな男
子，悠太。

　最近の悠太の読書ジャンルは歴史小説である。中でも幕末志士の活躍を描い
た司馬遼太郎の著作を片っ端から読み漁っている。特にあこがれている人物は

坂本龍馬。彼の父親の影響らしい。

　さて，そんな悠太のある日の学校で出来事。今週から国語授業で，立松和平の「海のいのち」を読み始めている。その一時間目の学習で，担任の先生は，朗読ＣＤを使って作品との出会いを図った。そして，初読の感想を記述するという学びを組んだ。

　中心人物・太一が，葛藤の末に構えていたモリを下ろす場面が，悠太の心に強く残った。巨大な瀬の主であるクエの描写が美しい。そのクエを「おとう」と呼び，「海のいのち」と思う太一の変容に爽やかな感動を覚える。

　そんな読後の思いを文章に綴った悠太に，先生は言った。

　「さあ，みんな，感想を書けたようだね。明日から，この『海のいのち』を詳しく読んでいこう。」

　ずっと，そうだったと，悠太は思う。低学年の頃から，ずっと，そうやって物語の学習をしてきた。でも，六年生の今，彼は思う。

　どうして，また詳しく読み直さなければいけないのだろう。確かに，この「海のいのち」は面白いなあと思った。感想まで書いた。それで，いいじゃないか。

　だって，ぼくは，一度読んで面白かった司馬遼太郎の作品をすぐには繰り返して読もうとはしない。別の作品に手を伸ばす。もっといろいろな作品を読みたい。

　それなのに，どうして，学校の物語の授業では，15分もあれば読める作品を何時間も使って，詳しく読む学習をするのか。先生だって，家での読書の仕方は，ぼくと同じだろうに…。

　おそらく，悠太のように，「どうして，一度読んで感想を持った物語を繰り返し繰り返し読むのか。」という問いを国語教師に直接ぶつける子どもはいないだろう。

　彼らは，きっと思っているのだ。「何故かは分からない。でも，それが学校での勉強なんだ。家での読書とは違うんだ」と。

　だからこそ，もし，私の国語教室の「悠太」が問うてきたら，しっかりと応

えてあげよう。

　優れた物語作品は，たった一回きりの読書でも，読者である自分に感想を与えてくれる。それが，物語自体が持っている作品の力だ。面白かった，切なくなった，生きる勇気を感じた，人間っていいなと思った…。様々な読後の思いを優れた作品を読めばもつことができる。

　生活の中での読書ならそれでいい。その感動をもとに新たな作品，たとえば同じジャンルの，たとえば同じ作者の作品に手を伸ばし，好きに読めばいい。ただ，これだけは事実だ。繰り返し読むことによって，受け取る感想が確かに変わること。

　一回きりの読書では，まだ読めていない言葉がある。まだつかめていない言葉と言葉のつながりがある。そのつながりを押さえることなくして読めない，きわめて重く深い言葉がある。

　その言葉が見えたとき，それまで見えなかった人物の心情が読める。場面の情景が読める。最も重要な読みの中心である，物語全体を通して描かれている大きな変容がはっきりと分かる。

　そして，そのとき，その物語作品は，読者である自分に，「生きるってね，人間ってねー。」と強く語りかけてくる。それは，初読でもつことのできた感想を遥かに超えるものだ。それが「作品の心」。

　教室での授業で，あなたは，詳しく言葉を読むのだ。言葉と言葉のつながりを，言葉の隠された重さを読み取るのだ。そうすることによって，物語から受け取る感想が確かに変わる。そして，その感想の変容の過程こそが，物語を読むことの楽しさ，「面白さ」そのもの。

　もう一つ，教室で一編の物語を詳しく読み返す意義がある。それは，ともに同じ物語を読み合う仲間がいることだ。「わたしはこんな読みをしたよ。あなたの読みを聞かせて」と，仲間と話し聞き合う。その集団での読みの過程で，自分とは異なる読みの存在があること，一人では見えなかったことがともに読むことによって見えてくることを知る。そして，さらには，それぞれの「作品の心」を交流することで，その多様性と深さに気付く。そんな体験こそが，み

んなと物語を読む「面白さ」の学び。

　一編の物語をあえて集団で詳しく読み返すという，教室での物語の授業。

　その授業を通して，子どもたちは，物語の読み方，感想（作品の心＝その物語が自分に最も強く語りかけてくること）の確かな受け取り方を学ぶ。

　そうして，その学びの六年間の系統的な段階的な継続こそが，彼らの生活の中での「一回きりの読書」のレベルを少しずつ向上させていくことに他ならない。教室での一編の物語の学びが，生活の中での読書の質を変える。

❸ 「大きな三つの問い」による詳細な読解

　教室での授業で，一編の物語作品を詳しく言葉を読む。言葉と言葉のつながりを，言葉の隠された重さを読み取る。そうすることによって，物語から受け取る感想が，「作品の心」レベルまでに確かに変わる。

　では，どのように「繰り返し詳しく」読めばいいのか。はじめの場面から順番に，場面ごとに人物の気持ちを読み取っていけばいいのか。場面の様子を想像していけばいいのか。何度も何度もスラスラと読めるようになるまで音読を繰り返せばいいのか。

　その方法として，私の「自力読み」が提案するのは，「大きな三つの問い」をもって読み返すこと。

物語の「大きな三つの問い」

① 最も大きく変わったことは，何か。

② それは，どのように変わったか。

③ それは，どうして変わったか。

　小学校国語教室で子どもたちが出会う物語は，様々な出来事を流れの中での「変容」を描く。そして，その「変容」を読み取ることこそが，物語の読みの中心であり，読者である子どもたちそれぞれが自分の「作品の心」（その物語が読者である自分に「生きるってね，人間ってね―。」と最も強く語りかけてくること）を受け取ることの基盤である。

子どもたちに，「クライマックス場面」（山場）こそ，物語において最も重要な中心場面であると説いてきた。それは，この「クライマックス場面」が，「物語全体を通して，あること（多くは，中心人物の「心」）が，最も大きく変わるところ」，すなわち，変容が最も明確に描かれる場面だからだ。

　「自力読み」の学習過程を踏まえて，出来事の大きな流れを捉え，全体構成を検討して「クライマックス場面」を押さえてきた子どもたちは，ここで「大きな三つの問い」を自然にもつ。

> 　クライマックス場面はやはりこの場面だ。確かに，何かが大きく変わっている。この「何か」はおおよそは見えている。
>
> 　けれども，その「何か」をもう一度詳しく作品全体を読み返すことにより明らかにしよう。関連して，その物語全体を通して最も大きく変わった「何か」は，どのように変わったのかについて，クライマックス場面を中心に自分の読みをもってみよう。さらには，どうして変わったのか，その変化の理由についても作品全体から検討していこう。
>
> 　この物語では，「何が，どのように，どうして」変わったのか？この三つの問いをもとに詳しく読み返す過程で，きっと，この物語は，少しずつ少しずつ自分に強く語りかけてくるだろう。その強く語りかけてくるものこそが「作品の心」。
>
> 　自分なりの言葉で受け取った「作品の心」を表現するまでには時間がかかるだろう。でも，それが楽しみだ。さあ，これから，読み返してみよう。

　この「大きな三つの問い」は，物語によって異なる問いではない。もちろん，懸命な教材研究をもとに教師が提示する発問でもない。子どもたちがつくる共通学習課題でもない。

　「変容」を描く，すべての物語そのもの自体がもつ，言わば，「必然の問い」である。

　この「最も大きく変わったこと」に関わる「三つの大きな問い」についての

その本質1「物語の自力読みの力を獲得させよ」 15

自分の考えをもつためには，物語全体を深く読み返し，出来事の流れを明確に押さえつつ，人物の行動や心情，人物関係の変容を読み取らなければならない。

そして，そのような読みの過程を通したとき，「作品の心」を自ずと受け取ることができる。

❹ 物語の「基本構成」を学ぶ

自力読みの過程の第一次段階で，「物語の出来事の流れを大きく捉える」ことは，その後の「物語の『作品の心』を受け取る」という読みのすべての基盤となる。

ただ，この場面構成把握の学び段階は，もう一つの意味でも，きわめて重要である。それは，物語の「基本構成」を押さえることに不可欠だからである。

物語の基本構成

① 【前ばなしの場面】（大きな設定場面）

○物語全体のおおもとになる「時・場・人物・状況」（設定）の説明がされる場面

② 【出来事の展開場面】

○出来事がクライマックス場面に向け展開していく場面（複数の小さな場面で構成）

③ 【クライマックス場面】（山場・中心場面）

○あることが最も大きく変わる場面（「あること」≒中心人物の心）

④ 【後ばなしの場面】（その後場面）

○最も大きな変化のその後が描かれる場面。（「前ばなし場面」との対応）

すべての物語は，複数の場面から構成されていることを低学年段階で子どもたちは学ぶ。そして，高学年の初期段階で学ぶこと，それはその場面がただ順番に並んでいるのではなく，とても重要な意味や役割をもつ場面があるということである。

①物語の基本構成「前ばなしの場面」

　まずは，始まりの場面。物語の「典型」では，この最初の第一場面において，物語全体のおおもととなる「時・場・人物」の設定，及び，「状況」が説明される。この場面を「前ばなしの場面」と呼ぶ。または，「大きな設定場面」と呼んでもいい。

「前ばなし場面」で説明される四つの設定

① 「時」の設定－いつの出来事か。（時代・年・季節・月・日）

② 「場」の設定－どこで出来事は展開するか。（出来事の舞台となる場所）

③ 「人物」の設定－だれが重要な人物か。そして，どのような人物か。

④ 「状況」の設定－どのような状況にあるか。例えば，他の人物との関係，生活状況，家族・友人状況など（大きな変化と関連）

　留意すべきは，一つは，これら四つの設定が，どの物語でも，すべて四つとも説明されるわけではなく，物語によって異なるということ。

　二つ目は，設定を説明する「前ばなし」をあえてもたない作品もあるということ。その場合，出来事が始まり展開していく「出来事の展開場面」の最初の小さな場面で，設定の説明がさりげなくされる。

②物語の基本構成「出来事の展開場面」

　物語の第一場面「前ばなし場面」での設定の説明が終わると，出来事が始まる。この出来事の始まりの一文を「発端」と呼ぶ。

　ここで始まる出来事が，いくつかの小さな場面を経て展開し，クライマックス場面に至るまでが，「出来事の展開場面」となる。比較的長い物語は，この「出来事の展開場面」が大きい。

③物語の基本構成「クライマックス場面」

　この「クライマックス場面」（山場）こそ，物語において最も重要な中心場面である。

　子どもたちに，物語には「あることが最も大きく変わる場面」があること，そして，その場面を「クライマックス場面」と呼ぶことを教える。また，最も

大きく転換する「あること」とは，多くの物語の場合は「中心人物の『心』（考え方・生き方・心情・価値観など）」であることも指導する。

「クライマックス場面」の定義
○物語全体を通して，あること（多くは中心人物の「心」）が，最も大きく変わるところ。

　小学校六年間の物語の学びを通して，私たちは，子どもたちに「物語の読み方」の基本を教える。そのために，多種多様な膨大な作品群の中から，最も優れた教材性を有する物語を選択し，学習材として子どもたちに提示する。

　その基本的な物語は，さまざまな出来事を通して，「変容」を描く。

　そして，その「変容」を読み取ることこそが，物語の読みの中心であり，読者である子どもたちそれぞれが自分の「作品の心」（その物語が読者である自分に最も強く語りかけてくること）を受け取ることの基盤である。

　この「クライマックス場面」（山場）は，「物語全体を通して，あること（その多くは，中心人物の「心」）が，最も大きく変わるところ」であり，だからこそ，最も重要な物語の中心場面である。

　教室の子どもたちは，学習材「かさこじぞう」は，七場面構成であることを捉えた。この七場面の第一場面は「前ばなし場面」と押さえることができる。そして「ある年の大みそか」の一文から出来事が始まり，「出来事の展開場面」に入ることも容易に読める。

　問題は，「クライマックス場面」は，どの場面かである。繰り返すが，「クライマックス場面」は，「物語全体を通して，あることが，最も大きく変わるところ」である。そうすると，例えば，「かさこじぞう」では，「たいそうびんぼうなじいさまとばあさま」の状況が大きく変わる場面，すなわち，第六場面「じぞうさまがそりを引いてやってきた真夜中の場面」こそが，「クライマックス場面」であることが読めてくる。

　例えば，「おおきなかぶ」のクライマックス場面は，かぶが抜ける第七場面。

　例えば，「ごんぎつね」は，兵十に火縄銃で撃たれたごんが，「おまえだった

のか」という表情の言葉にうなずく第八場面。

例えば，「世界で一番やかましい音」は，ギャオギャオ王子の誕生日の場面。

例えば，椋鳩十「大造じいさんとがん」は，ハヤブサとの闘いで傷ついた残雪と大造じいさんが対面する場面。

そして，例えば，「海のいのち」では，太一が巨大なクエに向けたモリを葛藤の末に下ろす第九場面こそが「クライマックス場面」と捉えることができる。

実は，これほど重要な「クライマックス場面」を捉えることは案外に容易い。

読み進める読者の読みの意識がクライマックス場面に向かって高揚していくように物語の構成自体が巧みに仕組まれているからである。別の言い方をすれば，だからこそ，名作となり得るのである。

④物語の基本構成「後ばなし場面」

物語の基本構成で最後に押さえるのが，「後ばなしの場面」である。小さな場面構成で言えば，最後の場面がこれにあたる。

この直前が「クライマックス場面」であり，したがって，「後ばなし場面」では，「大きく変わった，その後」が描かれる。

⑤物語の構成の「四つの型」

これまで述べてきたように，物語の基本構成は，「前ばなし場面 – 出来事の展開場面 – クライマックス場面 – 後ばなし場面」の四つの場面からなる。

ここで押さえるべきは，物語には，この基本構成をもとにして，複数の型があるということである。

さまざまな出来事を通して「変容」を描くという特質をもつ，どのような物語にも，「出来事の展開場面」と「クライマックス場面」は，必然的に存在する。

ただ，物語によっては，「前ばなし場面」をもたず，いきなり冒頭の一文から出来事が始まることがある。そのような物語の場合，「時・場・人物・状況」の設定の説明を「出来事の展開場面」の最初の小さな場面ですることが多い。また，その後の「後ばなし」がなく，「クライマックス場面」で完結する構成の物語もある。

したがって，以上をまとめると，物語の構成は四つの型があると捉えること

ができる。

① 基本構成（物語の典型的な構成・起承転結）
②「後ばなし場面」なしの構成（クライマックス場面で終わる）
③「前ばなし場面」なしの構成（冒頭から出来事が始まる）
④「前ばなし場面・後ばなし場面」なしの構成

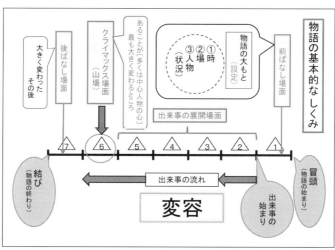

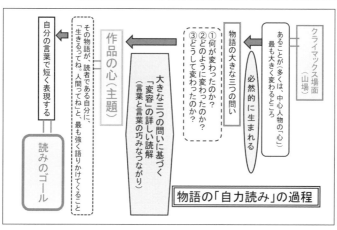

	小学校6年間で子どもたちに獲得させたい
	1・2年で獲得させたい「物語の読みの観点」
物語の構成	【いくつの「場面」からできている？】 ● 「場面」＝物語をつくる、小さなまとまり ○ 時（いつ）・場（どこ）・人物（だれ）の3観点 　から場面を分ける。 　＊紙芝居にすると、何枚の絵が必要？ 【一番大切な場面は、どの場面？】 ○ あることが大きくガラリと変わる場面
時の設定	【「時」の移り変わり】 ○ 場面ごとの「時」の把握 ○ 「時」を表す表現
場の設定	【「場」の移り変わり】 ○ 場面ごとの「場」の把握 ○ 「場」の様子を表す表現
人物	【「人物」】 ● 「人物」＝人間。または、人間のように話したり 　考えたりする生き物やもの 　＊出てくる人物は、だれ？（登場する順序） 【「人物」の気持ち】 ● 「気持ち」人物が心の中で思ったことや、感じた 　こと、考えたこと。 【「人物」の様子】 ● 人物のすることや話すこと、話し方や身振り、顔 　つきなどのこと。
あらすじ	【場面の短文化】 ○ 「だれ」が、「いつ」、「どこで」、「した・思った」
表現	【「会話文」と「地の文」】 ● かぎかっこで示している人物の言葉を「会話文」 　といい、他のところを「地の文」という。
視点	
主題	
重要な用語	● 【お話】＝物語 ● 【作者】＝お話を作った人 ● 【昔話】＝昔の人の暮らしの中から生まれたお話

その本質1「物語の自力読みの力を獲得させよ」　21

「物語の自力読みの観点」最新・改訂版（２０１７年）

筑波大学附属小学校　二瓶弘行

３・４年で獲得させたい「物語の読みの観点」	５・６年で獲得させたい「物語の読みの観点」
【前ばなしの場面】 ○物語のおおもとになる「時・場・人物」の大きな説明の場面 　＊この物語には、前ばなしの場面はある？ 【「出来事の展開場面」の小さな場面構成】 ○展開場面はいくつの小さな場面でできている？ 【後ばなしの場面】 ○「前ばなし場面」との対応 ○最も大きな変化のその後が描かれている。	【基本４場面構成】 ①　前ばなし場面　　（＝「設定」の部分）＜物語の大もとの説明＞ ②　出来事の展開場面　（＝「展開」の部分） ③　クライマックス場面（＝「山場」の部分） ④　後ばなし場面　　　（＝「結末」の部分）＜変わったその後＞ 【クライマックス場面の読みの重要性】 ●「クライマックス場面」ー物語全体を通して、あること（≒中心人物）が最も大きく変わるところ ①物語全体を通して、一番大きく変わったものは、「何」だろう？ ②それは、「どのように」変わったのだろう。 ③それは、「どうして」変わったのだろう。 　◎物語の「大きな三つの問い」（中心となる話題・究極の話題） 【ファンタジー物語の基本構成】 ○「現実」ー「非現実」（「入り口」と「出口」）ー「現実」
【「時」の大きな設定】 ○物語作品全体の「時」の把握（前ばなし場面） 　＊いつの「時」の物語？	【物語全体の「時」の設定】 ○どのくらいの「時」にわたる出来事か？ 　＊時代・年・季節・月・一日（朝・昼・夜）
【「場」の大きな設定】 ○物語作品全体の「場」の把握（前ばなし場面） 　＊世界・国・地方（海・山・村・街）	【「場」と出来事の展開の対応】 ○出来事の展開に応じた、人物の「場」の移動
【「中心人物」と「重要人物」】 ●「中心人物」＝物語全体で、気持ちやその変化が一番詳しく描かれる人物。物語の中でとても大事な役割をする。 ○中心人物の気持ちが、どこで、どのように、どうして、大きく変わったか？ ●「重要人物」＝中心人物の変容に大きな影響を与える人物	【人物】関係】 ○「中心人物」の変容（「山場」場面における最も大きな変容） ○「中心人物」と「重要人物」の関わり（人物関係図） ○場面の展開に応じた、「中心人物」と「重要人物」の関わりの変化 【人物】像】 ○主な人物は、どんな人物か？ 　＊行動・表情・会話に着目（心情・情景の描写） 【人物】の心情】 ●人物が感じたり、思ったり、考えたりする心の状態。 ○直接的な表現とともに人物の行動や会話などを通してそれとなく表現される。人物の心情は、他の人物やもの・こととの関わりの中で変わる。
【あらすじ】 ●「あらすじ」＝物語の内容を短くまとめた文章 ○場面ごとに、なるべく短い「一文」で表現 　＊大切なこと（時・場・人物）を落とさず	【あらすじ】② ○基本４場面の構成を踏まえた短い文章。特に、クライマックス場面における「あることの大きな変化」を中心にまとめる。
【描写】 ●「描写」ー物語の書き方の技の一つ。読み手が場面を生き生きと具体的にイメージできるように、人物の気持ちや行動、自然や事物などを見えたとおりに、また、感じたままに描くこと。	【情景描写】 ●「情景」ー風景や様子。登場人物の気持ちと一体として描かれる。 ○「人物の見たもの」「見える音や声」「におい」「手触り」などが分かる言葉や文を見つけていくと、その情景が目に浮かぶ。
【誰の目・誰の立場から】 ○どの人物の目から見たように、他の人物や出来事が描かれているか。	【物語の語り手】 ●「語り手」（話者）＝物語全体を語り進める人。（一人称・三人称視点） ○どの人物に寄り添い、誰の心の中を描きつつ物語を語り進めているか。
【感想】 ●文章を読んで、強く思ったり感じたりしたこと。	【作品の心（主題）】 ○「作品の心」＝物語が自分に最も強く語りかけてきたこと。 ○物語の構成やあらすじ・中心人物の変容・題名の意味などを検討。
●【音読】＝文章などを声に出して読むこと。 　＊声の大きさ・高さ、読む速さ、間の取り方 ●【暗唱】＝物語等を覚えて声に出して表すこと ●【民話】＝各地に長く語り伝えられてきたお話 ●【脚本】＝人物の「せりふ」と場面の様子や人物の動作等を説明する「ト書き」で構成	●【朗読】＝物語や詩等を、自分の感じたことや考えたことが表れるように声に出して読むこと。 ●【語り】＝物語や詩を情景や心情や、想像したことが表れるように暗唱すること。（視線・表情・間・声量） ●【古文】＝古くから長く親しまれてきた文章。現在では使われない言葉や文字も使われる。 ●【伝記】＝人物の生き方や一生等について事実をもとに書かれた文章

単元「新美南吉『ごんぎつね』私の作品の心」全体構想

筑波大学附属小学校　1部4年　二瓶弘行学級　2018.2

第1次　「ごんぎつね」との出会いの読み（初読の「作品の心」）

4年生の子どもたちは、出会いに読む様々な物語を学習材として、物語の自力読みの力を獲得してきた。物語を確かに読み取るとは、「作品の心」（物語の心）を自分なりにつかみ受け取り、自分の言葉で表現することである。そのためには、出来事の流れや描かれた強い言葉などを捉えつつ、読み取ったことを、10歳の子どもの代表として新美南吉に表すことである。「自力読み」の学習材としてふさわしい作品を駆使した、「自力読みの力」。彼らと「ごんぎつね」との教材の出会いは、読みを確かにするための私の作品の受け取りとしてスタートである。この教材を、みんなの読みを確認しながら進めていく。＜1時間＞

第2次　「ごんぎつね」の客観的な読み〔新学習指導要領「❶構造と内容の把握」段階〕

○初読の段階は、教科書の挿絵付きの文章を読み、第二次段階からは、A3一枚プリント（作品全体の全ての言葉をつなげて一文字対応）で読む。変容を捉えるためには必須。

○子どもたちは、第8場面がクライマックス場面（「心」）が、最も大きく変わると捉えつつ、中心点に据えて、さらに、容易に捉える。第2場面である「ある秋の日」と、第1場面の設定。典型的な出来事を描いている。

○物語の「あらすじ」のまとめの力は、新たな自力読みの力。授業では、第2・3場面を板書をもとに、グループでとの自力読みの出来場面までの6つの小さな場面それぞれを構成される。

〔作品の星座〕の作成

○それまでのすべての学習をノートに記述され、使う。
○画用紙の表面（客観編）＝B4版の画用紙に。
　①あらすじ：一時…文までまとめ
　②設定：一時・場・人物（ごんの設定・状況）

---

1. 物語「ごんぎつね」の出来事の流れを大きく捉える。　＜2時間＞

(1)「ごんぎつね」の出来事を小さな場面に分ける。
○「時」「場」「人物」の設定を手掛かりに。特に、「時（日）」に着目。

(2) 作品全体を「4つの基本場面」で捉える。
　①前ばなしと場面（物語の設定＝時・場・人物・説明＜状況＞）
　②出来事の展開場面（山場の始まり＝何が大きく変容する場面＜場面＞）
　③クライマックス場面（大きな変容＝最も大きく変わる場面＜場面＞）
　④後ばなしの場面（大きな変容の後を描く＜場面＞）

(3) 作品の全体構成を1本の線を軸にした「構造曲線」でまとめる。

(4) 作品の「あらすじ」をまとめる。
　○8つの小さな場面をそれぞれ一文で書きまとめ。
　①時・場・人物（したこと・思ったこと）の重要語句を読みながら落とさない。
　②余計な言葉を省く。なるべく短い一文でまとめる。
　③前ばなし場面・クライマックス場面は、2文でも可。

2. 前ばなしを中心に「時・場・人物（状況）」の設定を読む。　＜1時間＞
○「ごんぎつね」の設定＝時代（昔の世の中）
　①「時」＝昔・中山様がいた時代（ずっと昔・少し昔）
　②「場」＝山（中山）・辺りの村（お百姓・兵十のばかりの住む村）
　③「人物」＝ごん（ひとりぼっちの小ぎつね・いたずらばかりしている）
　　森…ごんの住む穴　　兵十…（お百姓・いたずらする百姓の一人）

3. ごんまでの学習を「ごんの星座」（客観）としてまとめる。　＜2時間＞
この間の出来事の「流れ」をまとめることを最も重要に置き、変容を読み取ることで、今後の学びの主台をさせつつ進めさせる。

第3次「ごんぎつね」の詳細な読み ［新学習指導要領「❷精査・解釈」段階］ ＜6時間＞

1．話題を設定し、「対話」活動を通して自らの読みをもつ。
(1)「三つの大きな問い」をもとに、「中心話題」を設定する。

◎「変容」を読み取るための「三つの大きな問い」
　① 何が変わったのか？
　② どのように変わったのか？
　③ どうして変わったのか？

★「ごんぎつね」の、私たちの「中心話題」
　目をつぶったまま、だまってうなずく、ごんの思い

(2) 中心話題を意識しながら、自分の読みを進める。
(3) 個人話題をもとづく「重要話題」を設定し、対話によって読みをつくる。
(4)「中心話題」について、対話によって自分の読みをつくる。【本時】

「対話」の活動の流れ

① 話題把握｜読みをつくっていく話題を確認する。
② 心内対話｜文章と心の中で対話し、自分の考えをつくる。一人読みの段階、ノートに、対話メモその作成。
③ ペア対話｜隣席の仲間と二人で考えを伝える。「目で伝え」目で伝え」目で伝えながら反応を示しながら話を聞く。
④ 全体対話｜40人の仲間と「目」で話し合う。
⑤ 個のまとめ｜話題について、自分の考えをまとめる。

第4次「ごんぎつね」私の「作品の心」 ［新学習指導要領「❸考えの形成」段階］

1．自分の「作品の心」（読者である自分に最も強く語りかけてきたこと）を短く表現する。
2．自分の「作品の心」を他者に伝えるための解説文（説得の文章）として書きまとめる。
3．「作品の星座」（作品の心〈編〉）を画用紙の裏側に作成し、本単元の学びを振り返りながら、自らの読みをまとめる。　＜2時間＞

第5次 私の「作品の心」と、仲間の「作品の心」 ［新学習指導要領「❹共有」段階］

1．「作品の星座」（客観編・作品の心〈編〉）を互いに読み合い、解説文を中心に、それぞれの「作品の心」を伝え合う。
2．クライマックス場面の語りを互いに聞き合い、感想を伝え合う。　＜1時間＞

単元 「立松和平『海のいのち』私の作品の心」全体構想

筑波大学附属小学校　二瓶弘行学級　2016.6

第1次 「海のいのち」との出会いの読み（初読の「作品の心」）

6年生の子どもたちは、4年生の時以降、様々な物語を学習材にして、物語の「自力読みの力」を獲得してきた。「作品の心」（物語の自分にとっての中心をひと言で書く）を身につけてきた。そのために、出来事の流れを押さえ、描かれた変容を捉え、なる言葉のつながりを捉えるという読み取りをしてきた。12歳の子どもたちが出来事の場面の展開が、この時この変容が、「時」の移り変わりでもある。初読の学習材として、立松和平『海のいのち』である。私の国語教室で使用の協同版教科書は東京書籍版教科書である。6年後期に位置づけられている。

彼らに「自力読み」を駆使しつつ、内容価値の高い、私の国語教室で使用の協同版教科書を使って、その時の読み手の感想を自分で書く。子どもたちにそれを語ってくれることを願い、「海のいのち」との出会いの読みでは、私の授業による、読み通していく確かな心を受け取られるまでに、みんなで読みを進めていこうと確認し合った、単元「海のいのち」のスタートである。　　＜1時間＞

第2次 「海のいのち」の詳細な読み

1. 物語「海のいのち」の「出来事の流れ」を大きく捉える。　＜2時間＞

(1)「海のいのち」全体を小さな場面に分ける。
　○作品全体の設定を手掛かりに、「人物」構成をしたプリントを学習材とする。（1時）の移り変わりでもある一つ、この作品の「9場面」構成を用意する。

(2)作品全体を「4つの基本場面」で捉える。
　①前ばなし場面〈物語の設定＝時・場・人物（状況）の説明〉
　②出来事の展開場面〈出来事が始まり、「山場」へ展開していく場面〉
　③クライマックス場面〈大きな変容のその後の場面〉
　④後ばなし場面〈大きな変容のその後の場面〉

(3)作品の全体像を1本の線を軸にした「構造曲線」でまとめる。

(4)作品の「あらすじ」を1場面それぞれを一文で書き表す。
　①「時」・②「場」・③「人物」したこと、思ったこと、心に残る重要語句を短くまとめる。
　なるべく言葉を省く。なるべく短い一文で大きな設定場面は、2文まで可。

2. 前ばなしを中心に「時・場・人物（状況）」を捉える。　＜1時間＞

①「時」　（状況）＝海（太一の生涯を通じての観）
②「場」＝海（もぐり漁師・〈海のめぐみだからなあ〉）
③「人物」
　○父＝太一の父、その先ずっと帰り知らない父親であった
　○父＝父一番の漁師・太一（〈海のいのちだ〉）
　○父＝（父一番の漁師・太一（〈おとうといっしょに海に出る〉）

3. これまでの学習を「作品の星座」（客観編）としてまとめる。　＜2時間＞

この一連の出来事の流れをとらえる活動は、最も重要な「変容」を読み取るといい、今後の学習での主体となる主旨をとらえることを確認させつつ進めさせる。

○初読の段階では、教科書の挿絵付きの文章を読む。
　第2次初読の段階からは、A3の1枚プリント全体を学習材としての言葉をつなげて読めるからである。

○「海のいのち」は、典型的な出来事の文章を読む。子どもたちは、第8場面が「山場＝クライマックス場面」となること。さらに、主の「終わりの第9場面が構成される。（多くは、容易に容易に感じる）と、最も大きさを変わることを押さえる。
　説明する「前ばなし」場面、終わりの第9場面の始ま場面までの6つの場面から構成される。そして、出来事の展開場面から第7場面までの6つの小さな場面が構成される。

○物語の「あらすじ」のまとめ方は、第2場面だけで板書をとり、意見を出し合いながら、より適切な読みを全員で行う。よりよい場面は一文ずつそれを同じの活動を、各自のノートでの客観として整理させる。星座ノートでの一つの客観として整理させる。

「作品の星座」客観編の作成

　○それまでのすべての学習は、各自のノートに記述されて残る。ノートを手元に、各自の画用紙にまとめる。
　○画用紙の表側の一つ中央の観点
　　①場面構成＝9つの場面（時）・基本4場面
　　②あらすじ＝場面の一文まとめ
　　③設定＝一時（太一の成長・場・人物（太一との関係）
　　④視点＝三人称限定視点・視点人物（中心人物）

　○「海のいのち」は、典型的な出来事となる。第1場面の第9場面が「海の心」が、最も大きさを変わること。

　○物語の段階からは、教科書の挿絵付きの文章を読む。いる。第2段階からは、A3の1枚プリント全体を学習材としての言葉をつなげて読めるからである。変容を捉えるためには必須。

その本質1「物語の自力読みの力を獲得させよ」 25

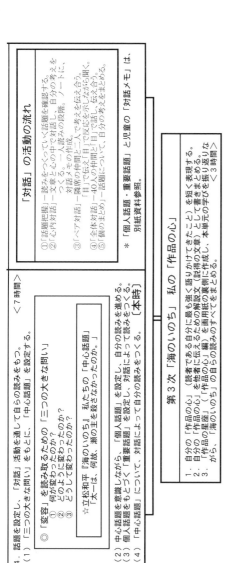

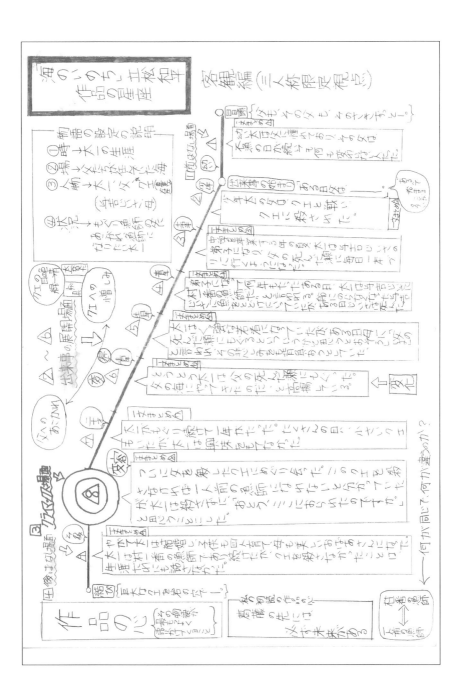

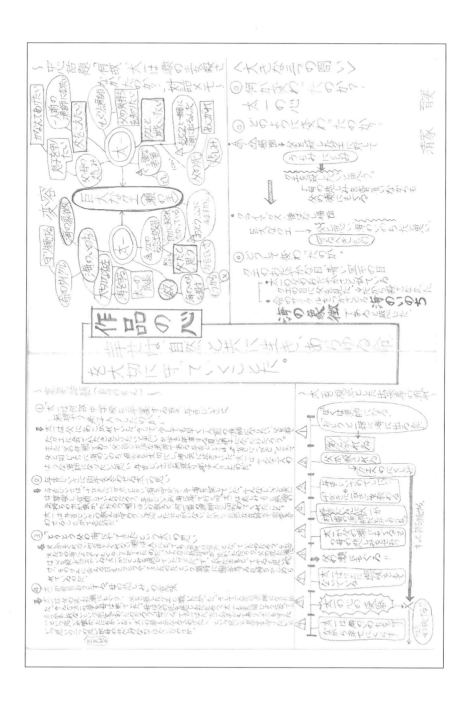

説明文の自力読み

その本質 2 説明文の自力読みの力を獲得させよ

Ⅰ 説明文で学ぶ「言葉の力」

❶ 説明文の授業で何を教えるのか

　言うまでもなく、国語科の「基礎・基本」とは、言葉の力そのものである。けれど、悔しいことだが、国語科は曖昧な教科とよく言われる。子どもたちに獲得させるべき力が不明瞭であり、授業を通して何を教えるのかが明確でない。

　私たち教師は、この確実に習得させるべき「言葉の力－基礎・基本」を明確に整理して、国語授業に臨む必要がある。

　例えば、ここに一編の文章がある。東京書籍の一年国語教科書に掲載されている「いろいろなふね」という説明文。この説明文を学習材にして、十数時間の授業時数で、私たちは、いったい、どんな「言葉の力」を子どもたちに獲得させればいいのか。

　確かに、この説明文に書かれている内容を正確に読み取る力は必要である。だから、四種類の船を例に述べられている「船の役割とそのための作り」の内容を理解することを授業のねらいとする。そのために、丁寧に叙述を読み取っていく学習が中心となるだろう。

　けれども、ただ情報を正確に受け取る、それだけの読解学習を繰り返している授業は、誰もが否定するに違いない。いくら、「船の役割とそのための作り」をよく分かったとしても、子どもたちの「言葉の力」が向上したとは言えないからだ。極端な言い方をすれば、船のことを知らなくても、彼らの人生にほとんど影響がない。

　この「いろいろなふね」の学習を終えた子どもたちが、次に新たな説明文に

出会ったとき、ここで学んだ読み方を駆使できてこそ、「言葉の力」を獲得したと言える。そして、さらには、他の教科、領域でのあらゆる学習場面において出会う、説明文を自ら読み進める力「自力読みの力」こそ、国語教室で育む「言葉の力」なのだ。

では、その説明文の「自力読みの力」とは、いかなる言葉の力なのか。そして、いかなる授業で獲得させていけばよいのか。

❷ 説明文学習と段落指導

当たり前だが、説明文の学習では「段落」意識をもたせることを重視する。

> 「段落」とは、文章を構成する、内容の小さなまとまり。
> 段落の始まりは、文章の中で書き出しが一字分下がっている所。

すべての文章は、段落という「内容の小さなまとまり」からできていること。さらに、この「小さなまとまり」が集まって、いくつかの大きなまとまりになり、一つの文章をつくっていること。

多くの国語教室でも、以上のような「文-段落（内容の小さなまとまり）-段落のまとまり（内容の大きなまとまり）-文章」という段落指導はなされるにちがいない。

だから、文章の最初の段落から順番に、それぞれの段落に書かれている内容を読み取りながら、いくつかの大きなまとまりをつくり、最終段階で、文章全体を通して何が書かれているのかを把握するという学習が展開される。

けれども、このような学習展開の繰り返しでは、おそらく子どもたちは説明文を読めない。

例えば、説明文「森林のおくりもの」は、三十八の段落で構成される長い文章である。第一段落から順に書かれている内容を読み取り、段落のまとまりを考えていく過程で疲れ果て、読む行為そのものから、きっと遠ざかっていく。

だから、子どもたちに教えなければならない。説明文とは何か。何のために説明文を学ぶのか。

❸ 説明文で学ぶ「言葉の力」

なぜ、説明文の学習をするのか。私の国語教室の子どもたちには、次のように話している。

> 　一年生が読む短い説明文にも、六年生が読む長い説明文にも、どんな説明文にも、その文章を書いた筆者がいます。筆者は、自分の伝えたい事実や考えを読者に分かってもらうために、言葉を選び、文を作り、段落を考え、様々な工夫をしながら、文章を書きます。
>
> 　説明文を読むとは、この筆者が「伝えたいこと」を、正確に、「なるほどね、分かったよ」と納得して受け取ることです。
>
> 　ただ、何となく文章を読んでいては、けっして、その筆者の「伝えたいこと」を納得して受け取ることはできません。その筆者が「伝えたいこと」が、どのように表現されているかを考えることが必要です。そして、その表現の仕方（論の展開の仕方）について、その良さ、または改善点を自分なりに考えてみることが重要です。
>
> 　さらには、筆者の「伝えたいこと」、考えや意見に対して、読者として自分の感想をもつこと。
>
> 　それができたとき、初めて「自分はその説明文を確かに読んだ」と言えます。また、そうすることが、説明文を書いて何かを自分に伝えようとしてくれた筆者への「礼儀」なのです。
>
> 　これらの説明文を読む力を獲得することは、これからの人生で出会う様々な説明文を読むためにとっても大切なこと。だからこそ、教室での説明文の学習があるのです。

以上を踏まえ、私は、説明文を学習材に獲得させるべき力を以下の3点で大きく捉える。

> ① 筆者が「伝えたいこと」（事実・考えの中心＝要旨）を正確に、納得して受け取る力
> ② 筆者の「伝えたいこと」の伝え方のよさと改善点を検討する力
> ③ 筆者の「伝えたいこと」に対して、自分の意見・感想をもつ力

　私の国語教室で、この説明文の「言葉の力」をすべての子どもたちに育むために、その基盤に置いているのが、「説明文の美しいしくみ」を捉える学習である。

Ⅱ 説明文の「美しいしくみ」―自力読みの基盤―

❶ 説明文は、三つの大部屋の「家」をイメージせよ

> 　どの説明文にも、その文章を書いた筆者がいます。筆者は、自分の伝えたい事実や考えを読者に分かってもらうために、様々な工夫をしながら、文章を書きます。
>
> 　その最も重要な工夫が、「美しいしくみ」です。つまり、優れた説明文はどれも、「美しいしくみ」を持っているということ。
>
> 　だから、一見して難しそうな説明文でも、読むことを躊躇してはいけません。どんな説明文にも筆者がいて、筆者は読者であるあなたに分かってもらうため、「美しいしくみ」を考えながら、文章を書いているはずなのだから。

　この説明文の「美しいしくみ」を捉える力を獲得させるために、説明文の学びの基礎段階で導入している方法が「説明文の家」をイメージする方法である。

　子どもたちに「説明文の家」について、以下のように説明する。

一編の説明文は、一軒の家だと考えてごらんなさい。
　この説明文の家は、並んでいる文を初めから順番に読んでいてはイメージすることができません。よく読んでみると、この家は、『はじめ・説明・終わり』という、三つの大きな部屋からできていることが見えてきます。
　一番右にある大部屋を『はじめ』の大部屋と呼びます。あまり広くない大部屋です。この説明文を読む人に伝えたい話題を紹介したり、大きな問いを投げかけたりします。
　中央にあるのが、『せつめい』の大部屋。どの説明文も、この『せつめい』の大部屋が一番広い。伝えたいことを分かってもらうために詳しい説明をする大部屋です。
　三つ目が、左側にある『おわり』の大部屋。『はじめ』の大部屋と同様に、あまり広くありません。この『おわり』の大部屋で、この説明文で伝えたいことのまとめをします。

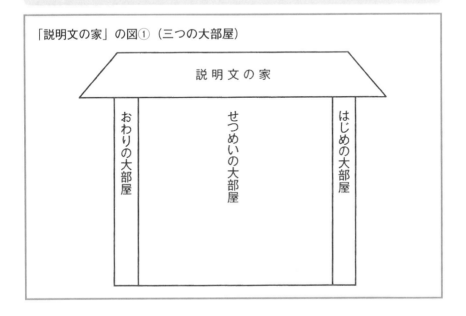

この「はじめ・せつめい・おわり」の大部屋の名前は、今後の学習で、「序論・本論・結論」の説明文基本構成に発展していく学習用語である。

説明文の自力読みの基盤をなす、この「説明文の家」のスタート段階の学習材として、東京書籍1年教科書教材の「いろいろなふね」を用いる。

いろいろなふね

① ふねには、いろいろなものがあります。

② きゃくせんは、たくさんの人をはこぶためのふねです。

③ このふねの中には、きゃくしつやしょくどうがあります。

④ 人は、きゃくしつで休んだり、しょくどうでしょくじをしたりします。

⑤ フェリーボートは、たくさんの人とじどう車をいっしょにはこぶためのふねです。

⑥ このふねの中には、きゃくしつや車をとめておくところがあります。

⑦ 人は、車をふねに入れてから、きゃくしつで休みます。

⑧ ぎょせんは、さかなをとるためのふねです。

⑨ このふねは、さかなのむれを見つけるきかいや、あみをつんでいます。

⑩ 見つけたさかなをあみでとります。

⑪ しょうぼうていは、ふねの火じをけすためのふねです。

⑫ このふねは、ポンプやホースをつんでいます。

⑬ 火じがあると、水やくすりをかけて、火をけします。

⑭ いろいろなふねが、それぞれのやくめにあうようにつくられています。

学習材「いろいろなふね」は、14形式段落から構成されている。

学習材「いろいろなふね」は、東京書籍の一年教科書教材であり、すぐに反応した。

> ＊『はじめ』の大部屋－段落①
> 「ふねには、いろいろなものがあります。」

> ＊『せつめい』の大部屋－段落②〜⑬

> ＊『おわり』の大部屋－段落⑭
> 「いろいろなふねが、それぞれのやくめにあうようにつくられています。」

❷ 「せつめいの大部屋」は、複数の小部屋でできている

　さて、子どもたちは、「いろいろなふね」のまとめが、「おわりの大部屋」の最後、第14段落にあることを捉えた。

> ○ いろいろなふねが、それぞれのやくめにあうようにつくられています。

　けれども、この段階では、まだ「いろいろなふね」を読んだとは言えない。

　このまとめ（筆者が最も伝えたいこと）の内容を確かに納得して受け取ってこそ、初めて説明文を読んだことになるからである。

　そのために、次の自力読みの段階を子どもたちは学ばなければならない。

　伝えたいことを詳しく説明している「せつめい」の大部屋の検討である。

　次のように、子どもたちに指導する。

> 　大部屋は、いくつかの小さな部屋からできています。そして、その小部屋には、それぞれ「部屋の名前」がついています。この「いろいろなふね」の「説明」の大部屋がいくつの小部屋からできているか、そして、どんな名前がつければいいかを考えましょう。

その本質2「説明文の自力読みの力を獲得させよ」　35

　この「小部屋」は本論を構成している意味段落を指す。形式段落の内容を読み取り、新たなまとまりをつくる段階が、この「大部屋を小部屋に分ける」という学習である。

　その際、常に「部屋の名前」を意識させる。この「名前」は、意味段落の小見出しを考える学習でもあり、また、意味段落の要点を把握する学習にも直結する。

（1）「せつめいの大部屋」を「小部屋」に分ける

　多くの子どもたちは、抵抗なくすぐに4つの小部屋に分けた。

○小部屋1－第2段落～第4段落

○小部屋2－第5段落～第7段落

○小部屋3－第8段落～第10段落

○小部屋4－第11段落～第13段落

　ここで曖昧な読みを徹底するために、それぞれの小部屋の内容を確認する。

　第2段落から客船の説明をしている。第3段落「このふね」とは、客船を指すこと。第4段落の「きゃくしつ」は、第3段落を受けて「この客室」と、捉えられること。そして、第5段落からはフェリーボートの説明に移っていること。だから、3つの段落で1つの小部屋をつくっていることを押さえさせる。

　説明文の部屋を考える際に、「指示語」（さらには「接続語」）の役割を考えることの重要性を合わせて指導したい。

（2）「小部屋」の名前を考える

　子どもたちに、部屋の名前を考えることの意味を説明する。

　「説明」の大部屋を4つの小部屋に分けました。部屋には必ず名前があります。

　みんなが家族で旅行するとき、日本旅館に泊まったことがあるでしょう。ホテルの部屋は203号室というように数字で部屋を呼びます。けれども日本旅館では、「朝顔」とか、「富士山」とか、それぞれに名前が付け

られています。その名前もバラバラではありません。例えば、「朝顔」の隣の部屋は「すみれ」というように、関連を考えて、花の名前で統一しています。

この日本旅館と同じように、小部屋には名前があります。その名前を自分で付けられたときに、はじめて小部屋になるのです。

続けて、小部屋の名前を考える際の3つの重要なポイントを指導する。

小部屋の名前付けのポイント

① 「きょうだい」の名前のように。
② 「大切な言葉」を読み落とさないで。
③ 「おわりの大部屋」の内容を大切に。

①「きょうだい」の名前のように

日本旅館の部屋の花の名前と同様に、「きょうだい」の名前は、親は何らかの関連を考えて付けるもの。例えば、一郎、次郎、三郎のように。4つの小部屋の名前も「きょうだい」のようにつながりを意識すること。

②「大切な言葉」を読み落とさないで

それぞれの小部屋に書かれている言葉の中で、「大切な言葉」を探すこと。例えば、その説明文の題名に関連する言葉、文章中に繰り返して反復される言葉を読み落とさない。そして、それらの「大切な言葉」が小部屋の名前に使えないかを考えてみること。

③「おわりの大部屋」の内容を大切に

今は「説明の大部屋」の学習をしているが、その際にも、「おわりの大部屋」に書かれていることを大切にすること。また、「はじめの大部屋」の性格が「はじめのまとめ」の説明文の場合は、「はじめの大部屋」に書かれていることも大切にして、小部屋の名前を考えること。

以上の3つの名前付けのポイントをもとに、子どもたちは小部屋の名前を考えた。

その本質2「説明文の自力読みの力を獲得させよ」　37

○小部屋1 -「きゃくせん」

○小部屋2 -「フェリーボート」

○小部屋3 -「ぎょせん」

○小部屋4 -「しょうぼうてい」

いずれも船の名前であり、「きょうだい」の名前のように関連性をもつ。また、それらは各小部屋の最も「大切な言葉」でもある。

低学年段階では、このような意味段落（小部屋）の小見出し（小部屋の名前）を考えるレベルで十分な学習である。

ここまでの学習が習得できたなら、さらに指示する。

みんなは、一つの言葉（単語）で名前をつけました。もう少し、言葉を付け加えて名前を長くすることはできませんか。名前付けのポイントの3つ目「おわりの大部屋の内容を大切に」を参考にして下さい。

子どもたちは、再度、文章全体を読み返す。そして、「おわりの大部屋」に書かれている「役目」に着目した。

◇いろいろなふねが、それぞれのやくめにあうようにつくられています。

この「役目」がどのように各小部屋で説明されているかを検討する。すると、4つの小部屋の第1段落目が「〜するため」という、「役目」を説明する表現で書かれていることに気付いた。

納得した彼らは、各部屋の名前を「客船の役目・フェリーボートの役目・漁船の役目・消防艇の役目」と変える。

納得した子どもたちに、さらに私が問う。

各部屋の1つ目の段落が「船の役目」の説明だと分かりました。では、2段落目と3段落目は何の説明をしているの？

彼らは、ここでまた文章に立ち返る。そして、「おわりの大部屋」の「あう

ようにつくられています」の表現から、「船の役目と、それに合うつくり」という名前を引き出した。

> ○小部屋1 - 「きゃくせんのやくめと、それにあうつくり」
> ○小部屋2 - 「フェリーボートのやくめと、それにあうつくり」
> ○小部屋3 - 「ぎょせんのやくめと、それにあうつくり」
> ○小部屋4 - 「しょうぼうていのやくめと、それにあうつくり」

　学習指導要領は、その中学年「読むこと」指導事項に、説明的文章の読みの力として、「中心となる語や文をとらえて段落相互の関係を考え、文章を読むこと」を挙げる。

　以上に述べてきた「小部屋の名前付け」は、まさしく説明文の自力読みの力を子どもたちに獲得させる。

❸ 小部屋の並び方―本論の展開の仕方―

　今一つ、子どもたちに獲得させるべき、重要な説明文の自力読みの力がある。「小部屋の並び方」、すなわち、本論の展開の仕方である。

　学習材「いろいろなふね」は、4つの小部屋が「①客船②フェリーボート③漁船④消防艇」の順番で並んでいる。

　筆者は、何故、この順番に小部屋を並べたか。その理由を考える。

　例えば、この順番を逆にして、「消防艇」を最初にしてみる。すると、読者（低学年の小学生）にとって特殊な船である「消防艇」で、その役目とつくりの説明を始めることになる。当然、分かりにくい。

　こうして、筆者が、まず「客船」を挙げたのは、それが読者の身近な例だからであると子どもたちは気付く。そして、「一般から特殊へ」という論の展開の仕方の基本を学ぶ。

　そして、小部屋の並べ方さえも、説明文の美しいしくみを支えていることを実感する。

Ⅲ 説明文の「美しいしくみ」発展段階の学び

❶ 大部屋の三つの性格を検討する

　学習材『いろいろなふね』は、ごく単純な構成の説明文であるため、「美しいしくみ」を捉える基礎段階の学びには、子どもたちはあまり苦慮しない。だからこそ、優れた教材といえるだろう。

　ちなみに、私の国語教室では、何年生であろうと、その学年最初の説明文単元で必ず、「いろいろなふね」の一枚プリントを配付して、「美しいしくみ」の基本を学ぶ。この学習なくして、六年生の長い説明文は読めない。一時間目の通読で、多くの子どもたちが、きっと倒れる。

　前節で、一編の説明文を一軒の家として捉える方法とその意義を解説した。

　ただ、この学習段階では、まだ形式的な読みに留まっている。

　特に、「はじめ」の大部屋と「おわり」の大部屋の捉え方が曖昧である。何となく、ここまでが「はじめ」であり、最後のあたりが「おわり」であるという読みでは、筆者の伝えたいことを正確に、納得して読み取ることはできない。

　そこで、新たな「自力読み」の段階を指導する。「大部屋の性格」の検討である。

　対象となるのは「はじめ」（序論）と「おわり」（結論）の二つの大部屋。これらの大部屋は、次の三つの典型的な性格をもつことを指導するのである。

◇ **「はじめ」（序論）の大部屋の三つの性格**

　①話題の提示（伝えたいことに関わる話題を紹介する）

　②大きな問いの投げかけ

　③はじめのまとめ（伝えたいことをはじめにずばり述べる）

◇ **「おわり」（結論）の大部屋の三つの性格**

　①終わりのまとめ（「このように」とを括ってまとめる）

　②大きな問いの答え

---

③筆者の考え・思い、読者へのメッセージ

　この大部屋の性格を考えるためには、文章全体を詳しく読み返すことが求められる。

　学習材「いろいろなふね」の「はじめ」（序論）の大部屋は、すぐに「話題の提示」の性格と捉えられる。

「問いの投げかけ」は、「なぜ、〜のでしょうか」や「どうしてでしょう」等の特徴的な表現が使われる。また、「はじめのまとめ」としては、「ふねには、いろいろなものがあります。」では弱い。

　次に「おわり」（結論）の大部屋の性格を検討する。

「問いの答え」の性格は、「はじめ」の大部屋の性格が「問いの投げかけ」であることに対応することが原則なので除外。「筆者の考え・読者へのメッセージ」までは述べられていない。

　したがって、括ってまとめる「終わりのまとめ」の性格であると捉えることが妥当である。

　そうすると、この説明文『いろいろなふね』は、まず、序論で「船にはいろいろなものがあるよ。」と伝えたいことに関わる話題を簡単に紹介し、その後、本論で四種類の船の例（四つの小部屋＝意味段落）で、その役目とつくりを詳しく説明し、そして、結論で、このようにと括ってまとめている文章である。

　よって、この説明文の筆者が、読書に最も伝えたいこと（要旨）は、次のように受け取ることができる。

○説明文「いろいろなふね」の要旨
　☆いろいろなふねが、それぞれの役目に合うようにつくられている。

その本質２「説明文の自力読みの力を獲得させよ」 41

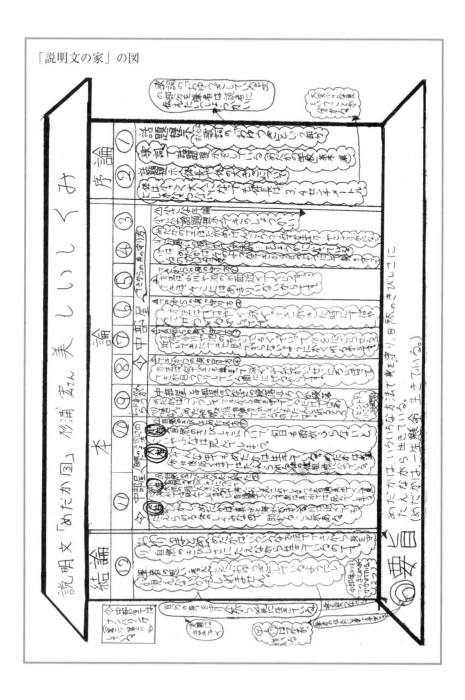

以上の２つの大部屋の性格までを検討した「説明文の家」すなわち「説明文の美しいしくみ」が捉えられたとき、読者として、「筆者が最も伝えたいことの中心＝要旨」を正確に納得して受け取ったと、初めて言える。それが、説明文を確かに読めたということ。

❷ 「説明文の家」の３つの型

　説明文の読みの学習は、前述したように、その説明文の筆者が、読者である自分に最も伝えたいことを正確に受け取る力を獲得することが、まず目標であると考えている。

　さらには、その伝えたいことがどのように述べられているか、その表現の仕方（効果的な工夫または改善すべき課題）が学びの対象となろう。

　そして、究極的には、その伝えたいこと（筆者の考え・認識・思想）に対する自分の意見をもつことが、説明文を読む最終ゴール。

　これら一連の説明文の学びにおいて、「２つの大部屋の性格」の検討は、きわめて大きな意義がある。その「まとめ」がどの大部屋に述べられているかが分かれば、筆者の「伝えたいこと」が大きく把握できるからである。

　この「まとめ」のどこにあるかにより、大きく３つの型に分類できる。

（1）「尾括型」　－「おわり」（結論）の大部屋に「まとめ」がある
（2）「頭括型」　－「はじめ」（序論）の大部屋に「まとめ」がある
（3）「双括型」　－「はじめ」と「おわり」の両方に「まとめ」がある

> 語り

その本質 3 文学作品の語りで 自分らしさを表現させよ

I 文学作品の「語り」の本質

❶ 文学作品の「語り」と、文学作品の「朗読・音読」

　ある４年生の国語教室。新美南吉『ごんぎつね』のクライマックス場面を、教室の前に立った一人の男子が、精一杯の工夫をして朗読している。十数時間にわたる単元のさまざまな学習のまとめである。

　その子は、ごんが兵十に銃で撃たれる緊迫した場面の様子や、ごんと兵十の悲しい思いのすれ違いを「自分の声」で表現しようと練習を重ねてきた。その成果を今、仲間の前で発表する。

　でも、何故だろう。彼のその一生懸命な自己表現が「孤立」している。彼の前に座って聞いている仲間との「集団の空気」が創造されない。朗読発表の機会を設定するたびに、そう感じていた。

　その要因は、音声表現する子どもの「目」、そして、その表現を受け取る子どもたちの「目」にあると、ある時に気付く。

　もうずいぶんと昔のこと、私の小学校一年生の国語教室に、プロの「語り部」の方を教室に招き、子どもたちに、「本物の語り」を聞かせる場を設定した。

　プロの「語り部」の女性が、様々な民話や昔話を子どもたちを前に語り始める。いつしかその教室に不思議な空間ができる。たった一人の表現者と 40 人の子どもたちが創る空間。物音一つしない静まり返った教室に、語り部の声だけが流れる。

　40 人のすべての子どもたちの「目」は、表現者の「目」に集中している。表現者もまた、すべての子どもたちに、自分の「目」が行き渡るように、視線

をめぐらしながら語る。

そう、「目」で語っていた。この表現する者と聞く者が、ともに「一人の自己表現を共有する空間」を創り上げるために、「目」が重要なのだと、そのとき、強く悟った。

朗読する子どもは、当然のことだが、教科書の原文に「目」をやる。前に座る子どもたちもやはり自分の教科書原文を「目」で追いながら、仲間の朗読表現を聞く。互いの視線、「目」が合わさることは、ない。

❷ 「語り」の四つの観点と「聞くこと」

文学作品の「語り」は、対象となる原文の全文暗誦を基本とする。

文学作品の「語り」、四つの観点	
① 視線	聞き手に目を向ける。視線で場面の様子、気持ちを表現。
② 表情	顔の表情で場面の様子や人物の気持ちを表現。
③ 速さ	語る速さの違いで表現。特に「間」（ま）を意識する。
④ 声量	声の大きさを場面に応じて工夫する。

この「語り」という言語活動のねらいは、「作品の叙述に即して、場面の様子や人物の気持ちを想像し、自分の創造世界を音声言語によって表現する」ことにあり、音読・朗読と変わらない。

両者の決定的な違いは、表現するものの「相手意識」にある。

語りをする子どもは、「目」を聞き手の仲間たちに向けることができる。それによって、自分が精一杯の工夫をして語っているその瞬間の聞き手の反応を確かめることができる。悲しい場面を工夫して語る際に、その悲しさを聞き手に分かってもらえているか、嬉しい人物の心情を語る際に、その嬉しさが伝わっているか、自分の「目」で確認しながら表現することができる。

だから、語りをする子どもに、自分の視線を聞き手全員にめぐらすことを指導する。まっすぐ前に語ることをしない。「あなたにも、あなたにも、私の語りを聞いて欲しい」という思いを「目」に込めて、語りをするように話す。そ

んな表現者の思いが伝わってこない自己表現、「目力」のない語りは、聞いていて寂しい。

　もう一つ、語りの特徴として、「表情」がある。これも、「目力」と同様に、朗読・音読では十分には工夫できない、語り独特の観点と言える。自分がイメージし、読み取った作品世界の空気、人物の心情を顔の表情で表しながら語りをする。あるときには悲しさ、寂しさを暗い表情で、またあるときには微笑みを浮かべながら語る。

　この「目力」と「表情」を工夫しながら語りをするということ、それは、一方で、「聞く」ことが極めて重要な学習活動となる。

　教室の前の方で、仲間の一人が『ごんぎつね』のクライマックス場面を一生懸命に語っている。彼は、座っている39人の仲間たちみんなに自分の語りを聞いてもらおうと、視線をめぐらしながら語っている。だからこそ、私は下を向いて聞くわけにはいかない。しっかりと語り手の目を見て聞かなければ失礼だ。そして、もし、語り手の視線が自分の方に向いて目があったら、そのときは「私は確かにあなたの語りを聞いているよ。」と目で応えてあげよう…。

　教師である私は、この「聞く」態度を徹底的に指導する。仲間が語りをしているときに、「目」で聞かずに別のことをすることを決して許さない。「あなたが一生懸命に練習をして、一生懸命に語っているのに、みんなが下を向いていたら、どんなに悲しいか、どんなに悔しいか、想像してみろ。」と、しっかりと怒る。何度でも、繰り返し怒る。

　言うまでもなく、語りの表現活動は、作品場面の詳しい読解の学習と表裏一体の関係にある。

　子どもたちは、語りをするために書かれた作品の言葉を詳細に検討する。場面の様子、ごんと兵十の心情を読み取り、いかに語るかを前述の「語りの四観点」に応じて書き込む。

　したがって、仲間の語りを聞く際には、仲間がその場面をどう読み取ったのかを受け取ることが重要になる。どんな表情で、どんな速さで、どんな声量で語るのか、そして、それは何故か。自分の読みと関連付けて聞かなければなら

ない。

　仲間の語りを聞いた直後に、アドバイスの時間を設定する。「語りの四観点」から、「この会話文は、もっと声を小さくし、間を長く取った方がいい。何故なら、きっと悲しいはずだから…。」とアドバイスをする。語り手はその受けたアドバイスについて、自分の考え・読みを説明した上で、納得するならば受け入れる。このアドバイスを聞く側の子どもたち全員に要求する。語りを聞かせてもらったら、必ず何か自分の感想を返しなさいと。子どもたちは、アドバイスをするためにも仲間の表現を真剣に聞くという状況にいつも置かれる。

　語りは、単なる自己表現活動ではない。語り手と聞き手が一体となって創り出す「言葉で伝え合う」言語活動である。

Ⅱ 国語教室づくりと「語り」

❶ 新たな国語教室づくりのスタート

　春4月、私の教室に40人の子どもたちが、また、やってきた。まだ、彼らの名前も知らない。

　国語授業の初日、一編の詩を載せたプリントを配布する。ツェーザル・フライシュレン作・山本有三訳の「心に太陽を持て」。

　神妙に座っている、彼らにさりげなく言う。「誰か、この詩を読みたい人はいませんか？」

　教室の空気に一瞬の緊張感が漂う。1人がそっと手を挙げる。微かなホーッという声とともに、他の子どもたちの視線がその子に集まる。少しの間を置いて、また、ためらいがちに何人かが手を挙げる。7人の子どもたちだった。

　私は、にっこり微笑む。そして、40人の新しい教え子たちに向かってゆっくりと話す。

「今のこのときの空気をよ----く覚えておきなさい。誰か、読みたい人はいませんかと聞かれて、7人が手を挙げた、この空気。それから、この空気の中にいる、今このときの自分の気持ちをよ----く覚えておきなさい。」

その本質3「文学作品の語りで自分らしさを表現させよ」　47

　それから、続けて話す。1年後、4年生が終わる来年の3月、同じような学習場面で、私が「誰か、読みたい人？」と聞いたとき、40人すべての子が、すっと真っ直ぐ手を挙げていること。「私に読ませて」という意欲を目に込めて、ごく自然に、そうすることが当たり前のように。

　国語の授業。その多くの導入で学習材となる文章の音読をする。私もそうだ。ただ、私は、誰か1人の子どもに音読をさせる場合、いきなり指名はしない。私は必ず挙手を求める。
「1人で読みたい人はいませんか？」

　その際、もし、40人学級の数人しか手を挙げなかったとしたら、その後の授業は成立しない。三分の一の子どもしか挙げなかったら、話し合いの学習は、しても無駄である。

　クラスの半数程度の子どもしか、「私が読みたい」と意思表示できない状態だったら、自分の学級集団をもう一度、初めから創り直すべきだと、私は思う。

　国語教室とは自分の意見を言葉で表現し合う場だ。それは難しいことだ。言葉を探し、伝わるように表現しなければならない。聞いてもらえるだろうか、分かってもらえるだろうかという不安が常にある。この思いは、おそらく大人でも同じだ。

　にもかかわらず、「文章を声に出して読む」という音読の行為すら躊躇する子が半数もいて、どうして言葉で学び合う国語授業が成立するか。

　平成29年度告示の新しい学習指導要領は、「主体的、対話的な深い学び」の実現をすべての国語教室に求める。私は、その方向性に深く首肯する。

　だから、繰り返し主張したい。せめて、音読に躊躇しない子どもたちの学習集団をつくろう。

　音読するのが苦手でいい。そのために教室にいる。漢字を読み間違えても、つっかえてもいい。そのために国語の授業がある。音読が苦手だと思う子こそ、音読をすすんでみんなの前ですればいいのだ。そうしていつか上手くなる。

　だから、私は40人に必ず聞く。
「1人で読みたい人はいませんか？」

40人がさまざまな思いをもちながら、手を挙げる。私は、あの子を指名する。やや自信なさそうに、最後に手を挙げた「あの子」にこそ。そして、精一杯ほめてあげよう。

❷ 手作りの『百の詩集』

神妙に私の話を聞く彼らに、一冊の詩集を配った。

「百の詩集」。この簡素に製本された詩集は、私がこれまでの教員人生で収集した数百編の詩の中から、ぜひ子どもたちに与えたい、出会わせたい、と選んだ百編を編纂したものである。

書店に行けばたくさんの詩集が並んでいるが、小学校の子どもたちに暗唱させたい詩がある程度の数をそろえて編集されているものはあまりない。「大人の詩人が書いた本物の詩のなかの、子供向きのもの」が数十編は欲しい。市販されていなければ、自分で作ればよいと思い立って以来、新しい子どもたちと出会うたびに、「詩集」を作り続けてきた。

詩の収集は、まずはすべての教科書会社の国語教科書、図書館蔵書から始める。次に書店で詩集あさり。出会った詩の中で、これはというものは、すべてパソコンに打ち込む。

この詩集に入れた作品は実に多彩である。島崎藤村や室生犀星の文語詩もあれば、むのたけじ・あいだみつを・星野富弘など、詩というより「詞」と呼んだ方がいい作品もある。

選択の明確な基準はないと言っていいが、暗唱に不可欠なリズムをもつこと、そして、長すぎない作品であることには考慮した。ただ、宮沢賢治の『雨ニモマケズ』と谷川俊太郎の『生きる』は例外。私の歴代の教え子たちは、この二編の詩を全員暗唱してきている。

また、選者である私の「好み」も大きく反映している。私の好きな詩人である谷川俊太郎やまどみちおは、それぞれ十編ずつ採っているほどだ。ただ、「この詩は、学級担任としての私が私の子どもたちに読ませたい」という思いだけは確かに込めた百編であることは間違いない。

彼らに、この詩集を国語の教科書と一緒に毎日ランドセルに入れてくるように話す。そして、国語の授業の最初に必ずみんなで少しずつ読み合っていくことを伝える。

さらに、百編の中から一編でいい、大好きな詩を見つけ、その詩を暗唱できるように指示した。

「語り」の学びのスタートである。

❸ 5月，初めての保護者授業参観日

子どもたちとの出会いから1カ月がたった。

今、私の「誰か、読みたい人？」の投げかけに、いつも40人の子どもたちの手が挙がる。

5月上旬、初めての授業参観日。進級した新しいクラス、我が子の学びの姿を見るためにたくさんの保護者がやってくる。

詩の「語り」の授業を組んだ。『百の詩集』の中の自分の大好きな詩を精一杯の工夫で、目力を込めて語り、仲間の「その人らしい」精一杯の自己表現を目力を込めて受け取る学び空間の実現を図った。新しい「夢」の国語教室づくりがまた始まる。

授業を参観した保護者の感想を載せる。

初めて授業を参観させていただき、大変感激いたしました。

「語り」というのは、ただ詩を暗記して、みんなの前で発表することと考えていた私は、根底からその思いを覆されました。語る言葉の一つ一つに、子どもたちは自分の思いをのせていました。先生が厳選された詩の内容も素晴らしいと思いますが、それ以上に一人一人が言葉に感情を込めて真剣に語る眼差しに涙が出る思いでした。また、他の仲間の発表にもしっかりと耳を傾ける姿勢に、高学年に向かって順調に成長していく様子が感じられました。このような素晴らしい授業を受けられることに本当に感謝します。

四年生に進級し、少し経ちました頃、朝、起床してから、そして夜の就寝前の毎朝毎夜、「お母さ〜ん！語り聞いて〜！」と、息子が家事をしている私を追いかけ回すようになりました。（赤ちゃんの時の後追い以来のことです。）

　我が子ながら、今まで見たことのないような語り口、表情、体の動き、そして、何よりもジェスチャーなしの口から出る言葉、そして、目力によってのみ相手に思いを伝えきろうとする息子の心に、私は何とも表現しがたい感動に包まれました。

　そして、先日の授業参観、子ども達が聞き手の目をしっかり見据えて語る言葉は、まさに「言霊」でした。言葉が生きているようでした。「私も、このクラスで学びたかった！」そんなふうに感じた授業でした。

❹ 三冊の『アンソロジー』のプレゼント

　私の手作りの詩集「百の詩」を子どもたちは読み、視写し、音読し、暗唱し、語りをした。

　学級担任をしていると、朝の活動やお帰りの会、また学級活動の時間など、担任裁量の時間が結構とれる。国語の授業以外にも、これらの時間を使い、子どもたちは、自分の選んだ詩を語り続けた。

　ただ、どうしても、飽きがくる。一つの「語り」という活動を年間を通して続けるためには、新たな刺激が彼らには必要である。

　継続のエネルギーを子どもたちに与えるため、用意したのが私が編集した三冊のアンソロジー。

　○『今を生きるあなたへ　贈る詩50』（二瓶弘行編・東洋館出版社）

　○『続　今を生きるあなたへ　贈る詩50』（二瓶弘行編・東洋館出版社）

　○『贈る詩　言の葉』（二瓶弘行編・東洋館出版社）

　これらのアンソロジーは、手作りの詩集「百の詩」と違い、すべての詩の作者の掲載許諾を得て刊行した。また、私のエッセイもあわせて掲載した。

　子どもたちには、自費で購入して、誕生日プレゼントとして、春四月に配布した。そして、彼らの誕生日の当日になると、「おめでとう」の言葉とともに、私のサインを書き入れてあげた。

　本校は、学級担任も教科担任も、３年間持ち上がりを原則としている。

　だから、私の国語教室の子どもたちは、延べ200編を越える詩に出会い、読み進めることになる。

目 次

「百の詩」目次

心に太陽を持て　山本有三
米の話
タンポポ
はるがくる　金子みすゞ
北風のあさ
花どけい　高田敏子
あひるのぎょうれつ
あさがお　高村光太郎
木のうた
おうま　藤村
雪だるま　山崎洋
道程　高村光太郎
あさのうた　高野辰之
木のうた
朝の漁　高田敏子

恋
初蝶
小景異情 その二　室生犀星
雑草
本はなぜ
琴と小鳥　金子みすゞ
小鳥がたべにくるとき

恋
大関松三郎
星　高村光太郎
石井鼠雄
髪　高村光太郎
高野弘子
調集　まど・みちお
調集
調集　まど・みちお
調集
詞集　まど・みちお
詞集

うみ　金子みすゞ　　　10
貝がら　高田敏子　　　25
夜のふけるとき　　　　29
秋のよる　　　　　　　42
虫　　　　　　　　　100
流れる雲　　　　　　　48
もりの会話　　　　　114

山くじら
チョウチョウ
ススキ

ぼくがほしいもの
ぼくがないた日　その二
わたしの庭は
たねをまく
母子草
柳は肩に手を置き

その一
その二
ふるさと　まど・みちお
その二
灰谷健次郎
工藤直子
新川和江

童　井伏鱒二
むし　まど・みちお
むしのうた　まど・みちお
むしのうた
むしのうた
むしのうた
むしのうた

大漁　金子みすゞ
太陽　山村暮鳥
お日さま
日の歌

天国
旅に出て
生まれたからには
いのちのうた
別れのうた
夕焼け
人生いろいろあるさ
生まれたからには

木島始
佐野洋子
野津三郎
新美南吉　カエル・ブンブン

三好達治　弘行
中島信夫
吉野弘　梓弘行

明日も　まど・みちお

その本質３「文学作品の語りで自分らしさを表現させよ」

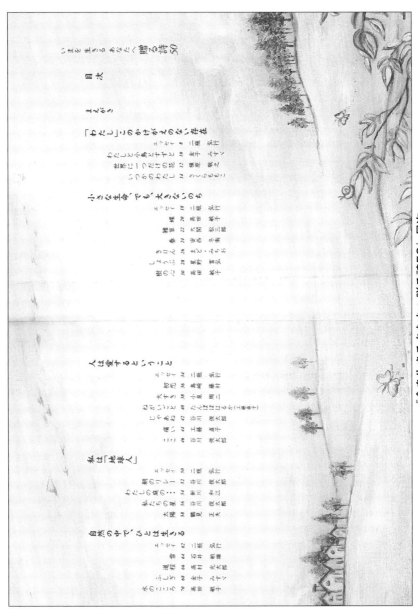

『今を生きるあなたへ贈る詩50』目次

対話

その本質 4 仲間との「対話」で伝え合う力を育てよ

Ⅰ「対話」―自らの「読み」を仲間と伝え合うこと―

❶ 文学作品の「美しい授業」

　新美南吉の『ごんぎつね』の授業。クライマックスとなる第6場面を扱う。私が本時の中心課題を提示する。

「兵十の『ごん、おまえだったのか』という言葉にうなづく、ごんの気持ちを想像しよう」

　この中心課題に対する各々の読みを、まずまとめさせる。一人読みの時間を保証するのだ。子どもたちは、ノートを開き、これまでの学習をもとにして、自分なりの考えを整理しようとする。事前に指定した、一人読みの10分間が過ぎた。私が指示する。「それでは、自分の読みを発表してもらいます。」

　子どもたちが勢いよく手を挙げる。クラス40人のうち、半数以上がピンと腕を伸ばして挙手をすると壮観である。迫力がある空間がそこに生まれる。

　私がその中の1人を指名する。その子は、自分の読みを自信に満ちた表情で話し始める。時折、自分の考えを書いたノートに目をやりながら、それでも前に立つ私にしっかりと目を向け、堂々と話し続ける。

「ごんは、きっと嬉しかったと思います。前の5場面で、兵十と加助の会話を聞いて、ごんは『つまらないな』と思っています。自分が栗や松茸を持っていっているということに気付いてほしかったんです。そのことが、やっと兵十に分かってもらえた。それに、……」

　私は、その子の意見をその子の目を見ながら、聞く。「おまえの精一杯の意見発表を私は一言ももらさずに聞いているよ」という姿勢で、頷きながら、微

笑みながら、相づちをうちながら、真剣な眼差しで、聞く。

　そして、その子が話し終わると、私は大きく首を振って頷きながら、黒板に、意見の要点を書く。

　その後、私は子どもたちに続けて意見発表を促す。また、パッと手が挙がる。その中から一人を指名する。その子は、すっと立って話し始める。

「Aさんの意見と違って、僕はごんは悲しかったのだと思う。『ごんは、ぐったりと目をつぶったまま、うなづきました』とあるでしょ。書いてはいないけど、銃で撃たれたごんは、もう命が尽きる直前だった。兵十に事実を分かってもらえたことは、みんなが言ったように嬉しかったかもしれない。けれども、やっと分かってもらえたのに死んでいかなければならないなんて、きっとごんは悲しかった。ごんは、涙を浮かべながらうなづいたんだと、僕は思います。」

　私は、またその子の意見をしっかりと聞き、黒板に、「うれしかった」という意見の横に、「悲しかった」と新しく書き加える。

　さらに子どもたちの意見は続く。

「ごんは、微笑みながら、うなづいた。第1場面に『ごんは、ひとりぼっちの小ぎつねで』とあるように、ずっと孤独だった。だから、いたずらをしたりもしたんだ。ごんが栗や松茸を兵十にあげたのは、ウナギ事件のつぐないだけでなく、友達が欲しかったからなんだ。だから、最後に兵十の言葉を聞いて、すごく嬉しかったはずだ。」

　子どもたちは自分の意見を次々と述べる。私は、彼らの意見の異同を聞き取り、黒板に書き加えていく。多様な読みでいつしか黒板はいっぱいになる。

　読みの交流が一段落した頃、私は、子どもたちに話す。

「みんなの意見を聞きながら、この第6場面のごんの気持ちを『嬉しいか悲しいか』のどちらかの一つの答えに決めてしまうのは無理なことだと思いました。大切なことは、作品全体から表現を根拠にして自分の読みをつくることです。そして、友達と意見を出し合いながら、自分の読みを深めたり、新しい読みに気付いたりすることが重要なのです。今日の学習は、みんな実によく読み、自分の考えを発表していました。最後に、自分の今の意見をノートにまとめま

しょう。」

　そして、ごんの気持ちを想像しながら第6場面を音読して、授業を終える。

　私は、こんな流れの学習活動を「美しい授業」だと思っていた。

　今、自分に自身に問いかけてみる。

　一体、この1時間の授業で、何人の子どもたちが自分の読みを話したのか。
一体、子どもたちは自分の読みを誰に伝えたくて話したのか。

❷ 話す力は、話すことによってのみ獲得される

　クラスには、40人の子どもたちがいる。この「美しい授業」の間、半数の子
どもたちは、一言も自分の読みを話していない。いや、半数どころではない。
3分の2の子どもが、音声言語で自らの意見を表出していない。それでも、話
し合いの学習活動は表面的には十分に成立する。鋭い読みが出され、黒板は多
様な読みで埋まる。美しく授業は流れる。

　子どもは、実際に自分の音声言語で表現する過程で、自分の意見・読みを確
かなものにしていく。大人でもそうだ。心の中の漠然とした思いが、表現する
過程でだんだんと明確になる。話すこと、誰かに思いを伝えるために言葉を選
びながら、言い直しながら話すこと、それ自体にすこぶる意義がある。

　ところが、「美しい授業」はその重要な学習活動をクラスすべての子どもた
ちに保証していない。40人のうち、30人に保証していない。

　以前、国語授業の「話し合い」に関わる、次のような言を聞いたことがある。
「発言しない子でも、聞くことによって確かに話し合いに参加している。」ひど
い「逃げ口上」だと、今は思う。

　話す力は、話すこと、それ自体によって獲得されるのだ。

　他の教科の学習活動に置き換えて考えてみればいい。水泳の苦手な子が、プ
ールサイドで仲間の上手な泳ぎをいくら見学しても、泳げるようにはならない。
水の中に入って、水を飲みながらもがく体験を通して泳ぎを覚える。リコーダ
ーは実際に吹くことによってしか、吹けるようにならない。未熟ながらも音を

出し、何か変な音だなと吹き直してみる、そんな試行錯誤の過程で技術を獲得する。泳がないで、吹かないで、話さないで、決してその力は付かない。

今ひとつ、「美しい授業」のもつ、危惧すべき本質がある。

話し合いの活動で、自分の意見を話した子は、その話す喜びを体感する。教師がしっかりと聞いてくれ、その話を受け止め、要点を整理してくれる。その体験を通して、その子はますます話すことが好きになるだろう。次の機会があれば、また積極的に手を挙げ、発言を自ら求めようとするだろう。

一方、話さずに終わってしまった子は、話すことからますます遠ざかる。自分の思いを音声言語で表現することに自信をもてず、手を挙げることに躊躇する。それでも、「美しい授業」は流れていき、そのうち終わりのチャイムが鳴る。

そうした「話し合い」活動の積み重ねの末、きっと、ある子がつぶやく。「このクラスでいつでも積極的に意見を言う人は決まっている。あの子とあの子はそういう役目。私は、そんな役目の『ひと』じゃない。」

高知県のある校長先生から、ツバメの雛の話を聞いたことがある。その先生が、ツバメの巣の様子をじっと見ていた。巣の中には何羽かの雛がいた。親鳥がエサを運んでくると、雛たちは、口を開け、大きな声を出してエサをもらおうとする。親は、その中の最も元気のよい雛にエサを与えるという。エサをもらえたその雛は、その喜びを知っているから、ますます大きな声で鳴く。また、エサをもらえる。その一方で、エサをもらえなかった雛は元気をなくしていき、ますます小さな鳴き声しか出せず、そして弱っていく。

「美しい授業」はそんな子どもたちをつくってはいないか。

高学年になればなるほど、子どもは自分の考えを積極的に発言しないと、よく言われる。そして、それは思春期を迎える彼らには、成長段階から言ってある意味、仕方がないことなのだと。

違うのではないかと思う。そういう状況に子どもを追い込んでいるのは、「美しい授業」を求める教師自身ではないか、自戒を込めてそう強く思う。

❸ 話すことは、仲間に自分を伝えること

　教師に指名された、ある子が自分の読みを黒板の前に立っている教師に向かって、一生懸命に話している。教師もまた、その子の目を見ながら、何を言おうとしているのか、その発言の内容を聞き取ろうと懸命である。

　その子の話が終わると、教師は簡単にその子の話の要点を整理する。そして、必要に応じて黒板に書く。その後、また全員に挙手を促し、その中から次の子を指名し、同様なことを繰り返す。

　よく見る、典型的な「話し合い」の場面である。

　発言しているこの子は、一体、誰に向かって自分の読みを話そうとしているのか。教師である。前に立ってしっかりと聞こうとしてくれている教師に自分の読みを伝えようと、言葉を選び、分かってもらおうと懸命に話をしている。

　その子の目を見れば、それは分かる。誰かに何かを伝えようとするとき、子どもは（「人」は）、目にその思いを表す。聞いて欲しい、分かって欲しいという強い意志を目に込める。

　話したくもないのに、指名され仕方なしに話している子の目力（めぢから）は弱い。その子は、聞いてくれる相手が存在せず、まるで独り言を言っているかのように、視線を下に落としながら話す。あるいは、自分のノートに書いてあることをただそのまま読むことで、発言に代える。そこには、誰かに自分の考えを聞いてもらいたいという、相手意識はほどんとない。

　この「目力」は、話を聞く子ども達にも同様のことが言える。

　仲間が懸命に自分の読みを話しているときに、聞いている子どもたちはどこに視線を向けているか。本当に、その話し手の考えを聞きたいと強く思うとき、子どもは（「人」は）、その話し手に自然に目を向ける。耳だけではなく、目で聞こうとする。

　けれども、先の学習場面において、発言する子に視線を意識して向けるのは、教師一人である。教師だけが耳と目で聞き取ろうと必死。だからこそ、その子は教師のみに目を向けて話す。

その本質4　文学作品の「対話」で話す力を獲得せよ　59

　そのとき、他の子どもたちの多くは、教師を見ている。仲間の発言に対して教師がどのような反応をするかを見ている。またある子たちは、黒板を見ている。教師が要領よくまとめてくれた板書を見ている。また、ある子たちは、その板書をノートに書き写している。また、ある子たちは、自分の考えをノートに書き続けている。

　そんな中、指名された子どもが教師に話し続けている。その姿が懸命であればあるほど、虚しく、寂しい。

　文学作品を学習材とした「仲間との読みの交流・話し合い」は、すこぶる意義があると、これまで述べてきた。国語教室の醍醐味とさえ思う。

　けれども、そこにどうしても必要なことは、子ども自身の相手意識であり、仲間の存在への認識である。

「自分は、こう読んだ。仲間のあの子は自分と同じ読みをしているのだろうか。あの子はどうだろう。きっと違う読みをしていることだろう。自分の読みを仲間たちに伝えたい。そして、仲間の一人一人の読みを聞きたい。」

　クラス40人すべての子どもたちが、このような思いで話し合いに臨むとき、はじめて「仲間との読みの交流」が成立するのだ。

　「目力」を込めて39人の仲間に伝えようと話す子ども、その一人の仲間の話を「目力」を込めて聞こうとする39人の子どもたち。その40人の子どもが創る空気の中に、いつか私はいたい。追い求める「夢の学級集団」は、そのときにこそ実現するのだろう。

❷ 「対話」─すべての音声表現活動の基盤─

　私が長年にわたって続けてきた「美しい授業」からの脱却を図るため、そして、クラスすべての子どもたちが主体的な意志をもって、話し聞き合う学習空間の創造のために、今、私の国語教室に積極的に導入を試みているのが、「対話」活動である。

```
「対話」活動のおおよその流れ
①「話題把握」－仲間と話し合う共通話題を確認する。
②「心内対話」－話題にもとづき、自分の考えをつくる。一人読み。
③「ペア対話」－自分の考えを対面する仲間と音声言語で交流する。
④「全体対話」－自分の考えをクラス全員と音声言語で交流する。
⑤「個のまとめ」－最終的な自分の考えを整理し、まとめる。
```

　設定された共通話題にもとづき、「心内対話」の時間内に自分の考えをつくっていく。文章中に書かれた言葉を丁寧に読みながら、作品との対話をする一人読みの段階である。書き込みをしたり、考えを文章化したりしながら、この後に待っている「ペア対話」に備える。

　一連の対話活動で、最も重視しているのは「ペア対話」である。

　ペア対話は、文字通り、隣席の仲間と二人チームで行う。このペア対話の活動の際、子どもたちは自分の机を隣と向かい合わせる。直接、対面して対話をするのである。40人クラスなので20ペアが成立することになる。

　開始の合図とともに、この20チームが一斉に話し始める。教室空間一杯に子どもたちの話す声が充満する。

　ペア対話を始めたばかりの初期段階で、子どもたちに「三つの条件」を話す。

```
「ペア対話」三つの条件
①話したいことを短く区切って、相手と交互に話す。
②聞いていることを態度に示しながら、相手の話を聞く。
③終わりの合図があるまで、沈黙の時間を決してつくらない。
```

　対話することにまだ慣れない子どもたちは、まず一人が自分の話したいことを一度に全部話してしまう。次にもう一人がまた全部話して、それで終了。対話にならない。

話したいことを短く区切り、交互に話すことを指示する。ややもすると、積極的な一人が一方的に話して終わってしまう傾向を克服するためでもある。40人全員が、自分の思いや考えを音声言語で伝えるために実際に話すという活動を保証することが、このペア対話の最大のねらいなのだから。

ペア対話の活動中は、基本的にはいつも、目を話し手に向ける。そして、「私はあなたの話を聞いている」ことを態度で示すように指示する。態度で示す方法は、具体的に指導する。例えば、以下のような方法。

> ○うなづく。相づちをうつ。首をかしげる。
> ○「はあ、なるほどね」「そうか」「それで」「ふ～ん」など言葉を返す。
> ○同意できれば、微笑む。理解できなければ、顔をしかめる。

実は、これらの「聞く態度」は教師自身が当たり前のように普段の授業で子どもたちに見せている姿である。特に、低学年担任のベテランの国語教師が子どもの発言を聞くときはすごい。その子が、最後まで話すことができるようにありとあらゆる方法を使って、聞く。この「聞く姿・聞く態度」を子どもたち自身のものとしたい。

対話の基本は、相手と話し伝え合うことにある。対話相手が話しているときに、下を向いて聞くことは失礼だ、相手の目を見て「聞いているよ」という態度で聞きなさいと教える。同時に、話す際には、聞く人の方をしっかりと見て話しなさいと指導する。何故なら、相手はあなたの話を懸命に聞いていてくれるのだから。その聞き手の反応を確かめながら話しなさいと教える。　このペア対話を始めたばかりの頃は、なかなか対話が続かない。お互いに話すことがなくなり、黙って下を向いているペアの姿があちこちに見られる。私が「まだ時間はあるよ。もっと対話しなさい」と促しても、「もう、みんな話したもん。話すことないもん」と言って、終了合図をずっと待ち続ける。二人で黙っていることをあまり苦にしない。

そこで、ペア対話の3つ目の条件「終わりの合図があるまで、沈黙の時間を決してつくらない」。ペア対話の時間中、2人で話し続けることを義務付ける。

もう一度最初から意見を言い直してもいい、同じことの繰り返しでもいい、とにかく沈黙しないことを最優先させる。

もっとも、この３つ目の条件は、ペア対話に慣れるとすぐにクリアする。かえって時間が足らないほど、２人の対話は続くようになる。

ペア対話は10分間設定が多い。10分あればお互いの考えを話し伝え合うことが十分に可能である。もし時間がなければ、５分間でもいい、３分間でもいい、ペア対話の活動を設定すべきだと考えている。

このペア対話を通して、クラス40人すべての子どもに、実際に「話す」という活動が保証される。自分の考えを言葉を選びながら音声言語で表現し、仲間に伝え、聞いてもらえるという体験が保証される。

ペア対話のあと、「全体対話」に入る。全体対話とは、いわゆる「話し合い」である。何故、対話なのか。

子どもたちは、それまでのペア対話で、自分の読みを一人の仲間と交流してきた。今度は、39人の仲間と読みを交流するのである。自分の読みを話し伝える相手は、黒板の前に立つ教師だけではない。この教室でともに学び合うすべての仲間たち。そして、自分の読みを聞いてもらうと同時に、39人の仲間一人一人の読みをしっかりと聞く。だから、「対話」なのである。

例えば、一番前の席に座った子どもが発言のチャンスを得る。その子は、椅子から立ち上がると、自然に体を後ろに向ける。聞いてくれる、たくさんの仲間に目を向けて話すために。

例えば、一番後ろの席に座った子どもが話し始める。すると、他の39人は、自然に顔を後ろに向ける。「あなたの話を聞いているよ」という態度を懸命に話す仲間に示すために。

子どもは（「人」は）、話すことによって自分の漠然とした思いを徐々に明確にしていくと前述した。ペア対話はその貴重な過程だ。途中で言い直したり、言い淀んだり、言葉に詰まったりしながら話す過程こそが大切なのだ。

この「全体対話」も同様である。ややもすると、しっかりまとまった考えが

なければ発言できないという空気が「全体での話し合い」には生じがちだ。

だから、ノートに書いてまとめた意見を読むことが「発言」であるかのような事態になる。もっと、ぎくしゃくしながら話していいのだ。言い淀んでいいのだ。ペア対話と同じように、39人の仲間に迷いながら悩みながら話せばいいのだ。もっと自然に自分を伝えようとすればいい。そう、子どもたちに繰り返し話した。「全体対話」は、話し上手な、限られた子どもたちの発表の場ではない。

クラス40人誰もが話したくてたまらない。

クラス40人誰もが聞きたくてたまらない。

私の追い求める、そんな「夢の学級集団」を創るために、「対話」のもつ意義はきわめて大きい。

単元づくり

その本質 5 「ドラマ」ある 国語単元をつくる

❶ 『世界一美しいぼくの村』の「最後の一文」

　4年生の東京書籍版国語教科書の下巻に、一編の短い物語が掲載されている。小林豊の『世界一美しいぼくの村』。

　私が一人の読者として、美しいアフガニスタンの風景の挿絵がついた、この物語を初めて読んだとき、強い文学的感動を体験した。

　数十年に及ぶ内戦時代のアフガニスタンに生きる少年「ヤモ」の一日を描いたこの作品には、大きな事件といえるような出来事は起こらない。ただ、作品全体の至る所に戦争のにおいを感じさせる表現が伏線として置かれ、読者は先の展開に、ある種の不安を抱きながら読み進めることになる。

　けれども、物語の終末場面の村に戻ったヤモの様子に健気さと微笑ましさを感じ、ヤモの「春」を待つ心に共感しながら、「でも、春はまだ先です。」の一文を優しい気持ちで読む。

　大人の私でさえ、そのような読みをする。まして4年生の子どもたちは、ヤモの様々な心の動きに深く同化するだろう。

　ところが、教科書では、「でも、春はまだ先です。」の後、頁をめくって、最後の場面が描かれている。

　たった一行だけの最後の場面。

> その年の冬、村は戦争ではかいされ、今はもうありません。

　この作品の最終の一行で、読者は強い衝撃を受ける。私も、もちろん4年生の子どもたちも。

その本質5「ドラマ」ある国語単元をつくる　65

　たった一行のわずかな言葉が、それまでの作品全体の読みを覆す。作品の心（主題）さえも根本から変わる。この『世界一美しいぼくの村』は、そんな文学作品を読むことの「面白さ」（文学的感動）を体験する、実に優れた学習材性をもつ。

　私の国語教室で、４年生の子どもたちのためにこの『世界一美しいぼくの村』を持ち込む。物語を自ら読み進める「自力読みの観点」を獲得すること、「語り」（相手意識を重視した音声表現）の方法を学ぶこと。これらを学習目標として設定するとともに、ある「一時間授業」を強く意識した、ドラマある国語単元を構想した。

❷ 単元『二つの世界一美しいぼくの村』

　単元導入の一時間目、子どもたちに『世界一美しいぼくの村』を印刷したプリントを配った。全員で音読して読み進める。そのプリントに載せた物語は、次のように完結する。

> 「パグマンはいいな。世界一美しいぼくの村。」
> 　ヤモは、そっとつぶやきました。
> 「ハルーン兄さん、早く帰っておいでよ。うちの家族がふえたんだよ。」
> 　ヤモは、父さんにたのんで、白い子羊に「バハール（春）」という名前を付けようと思いました。でも、春はまだ先です。

　私は、最後の「その年の冬、村は戦争ではかいされ、今はもうありません。」の一文を伏せた。まだ、下巻教科書が手元にない子どもたちは、この「最後の一文」が存在しない作品を、一つ目の『世界一美しいぼくの村』として読む。

　単元の学習は、その後、読解と対話と語りという様々な言語活動を展開しながら続いていく。そして、一つ目の『世界一美しいぼくの村』の作品の心（主題＝作品が読者である自分に最も強く語りかけてきたこと）をそれぞれがまとめる段階までにきた。ある子は自分の作品の心を「不安と嬉しさの先に希望がある」と捉えた。

繰り返すが、それまでの十数時間、すべての学習は、「最後の一文」のない
『世界一美しいぼくの村』を対象としている。

　そして、単元終末段階に設定した「一時間の授業」。

　その授業が半ばを過ぎたとき、私が、子どもたちに話す。

> 　実は、小林豊さんの創った『世界一美しいぼくの村』には、この続き
> があります。このあと、たった一頁に、一つの場面が描かれています。

　Ｂ４判の中央に、最後の一文「その年の冬、村は戦争ではかいされ、今はも
うありません。」をぽつんと載せた一枚のプリントを子どもたちに配布した。

　プリントを読む子どもたちは、誰も一言も発しなかった。いつもは賑やかな
までに反応する教室空間にシーンとした静寂のみが漂った。

　そんな子どもたちに、「破壊されたものは何か」と私が聞いた。ある子は「ヤ
モの心」と答え、ある子は「家族のつながり」と答えた。　前述した、作品の
心を「不安と嬉しさの先に希望がある」と捉えた男子に、「この一文で、作品
の心は変わるか？」と聞いた。彼は頷いたが、その後の言葉に詰まり、そして、
頭を抱え込んだ。

　この授業は、本校の研究発表会で公開した。多くの先生方が教室に参観に来
られた。北海道の木村直樹先生の参観記が手元にある。

その本質5「ドラマ」ある国語単元をつくる　67

　六月の公開研究会での『世界一美しいぼくの村』の授業。子ども達は、二ヶ月の間にすでにかなり遠くまで歩んでいた。「作品の星座」によって自らの作品世界を創造し、その世界を「語り」によって表現しようとしていた。〈略〉

　そんな私の目が、目の前の子ども達に釘付けになったのは、授業も終わりに近づいた頃だった。二瓶先生は、それまで伏せておいた作品の最後の一文を子ども達につきつけた。子ども達は、それまで最後の一文を欠いた文章を作品として読んでいた。二瓶先生がつきつけたそのわずか一文によって、子ども達のそれまでの読みが崩れ去っていく。重い沈黙の中、頭を抱える子どもの姿に思わず涙が出そうになり、二瓶先生の仕掛けに残酷ささえ感じた。授業後、その子は、二瓶先生のもとへ駆け寄っていった。「作品の星座」を書き直すための用紙を受け取りにいったのだ。

　残酷さは二瓶先生の仕掛けにあるのではなく、作品そのものにある。そしてその残酷さこそがこの作品の力なのだ、と気づいた。そうした作品の力に挑んでいく子ども達、それが二瓶学級の「夢」の実現に動き出した子ども達の姿であった。

❸ 「ドラマ」としての国語単元の創造

　一編の物語がある。一編の説明文がある。それは、当たり前だが、子どもたちに新たな「言葉の力」を獲得させるための学習材である。

　私は、どうすれば、その物語で言葉の力を育むことができるかを思い悩み、一連の言語活動を組織し、国語単元を構想する。

　単なる「言葉の力の教え込み」なら、効率的に言語活動を展開する授業を積み重ねればいい。教師の発問課題を中心に、読解プリントを与え続ければ、きっとテスト学力はついていくだろう。

　けれども、おそらく、そうして獲得した力は彼らの「生きる言葉の力」とは

ならない。読むこと、書くこと、話し聞き伝え合うことの面白さ（同時に、困難さ）を学ぶことを通して、言葉の力は彼らの真の力となる。

　掲載した『二つの「世界一美しいぼくの村」』の実践は、そんな私の思いから構想した国語単元である。たった「一時間の授業」を核として、十数時間の単元の流れをあれこれと思いめぐらす。その際、いつも私の脳裏には、その一時間での教え子たちの姿がある。どんな反応を示すか、どんな表情をあの子はするのか。

　その構想の過程は、きっと一編の「ドラマ」を創造するに同じ。

　2年生の子どもたちと、上野動物園で、初めて出会う人たちを相手に「動物博士」になって大好きな動物の解説をする単元を実践した。池袋のサンシャイン水族館では、「海の生き物博士」になった。この動物園や水族館でのわずか数時間の「夢」の実現のために、2年生の子どもたちは、学習材となる説明文を読解し、説明文を書き、そして、音声表現の学習を自らの意志で展開した。

　3年生の子どもたちと、『ハリー・ポッター　賢者の石』を学習材に、長編文学作品単元に挑んだ。あらすじをまとめ、人物関係図を作成した。そして、単元最終段階で、都内の映画館に全員で行き、観客相手に「賢者の石」のあらすじを説明し、最も好きな場面を語った。十数時間に及ぶ単元の「夢」の実現である。

　4年生の子どもたちと、新美南吉の『ごんぎつね』を中心に、数十編の南吉作品を多読し、その「作品の星座」を作成するという単元を展開した。その単元の「夢」は、自分たちの学習記録を南吉の故郷である愛知県半田市の新美南吉記念館に届けること。その「夢」の実現のために、彼らは、新たに獲得した自力読みの観点を駆使して、作品を詳細に読解し、自分の選択した南吉作品の「作品の星座」を自分の力で完成した。そして、40人全員で東海道新幹線に乗り、記念館への旅を決行した。この「ドラマ」は、さらに思わぬ発展をし、南吉の母校である岩滑小学校の子どもたちとの交流という貴重な機会も加わった。彼らが、館長さんに直接手渡した学習記録集は、記念館に今でも展示保管されて

いる。

　5年生の子どもたちと、星野富弘の詩画集と手記『愛―深き縁より』を学習材に、星野さんの「半生の記」を記述するという、読解と表現を関連付けた伝記単元を展開した。そして、群馬県東村の富弘美術館の館長さんにお願いし、自分たちの書いた「星野富弘の伝記」と星野さん宛の手紙を届けてもらった。後日、星野さん自身から礼状が届き、「夢」は達成された。

　5年生の子どもたちと、宮沢賢治の64作品を学習材に、自己選択作品の「作品の星座」作成とクライマックス場面の「語り」表現を中心にした単元を実践する。彼らの抱いた「夢」は、岩手県花巻の童話村と宮沢賢治記念館を実際に訪れ、そこで賢治を愛する、見知らぬ訪問客に賢治作品を語ること。単元の最終段階を迎えた日曜日、40人みんなで東北新幹線に乗った。

　6年生の子どもたちと、立松和平の『海のいのち』を中心学習材に、詳細な読解をもとに、自分の「いのち」物語を書くという創作単元を組んだ。作者に届け、読んでもらう「夢」を実現するために。

　卒業単元として、倉本聰『北の国から』を読むというシナリオ単元を展開する。彼らの「夢」の形としての学習記録集は、北海道・富良野の「北の国から資料館」に送り、2016年夏の閉館の時まで、ずっと2階に展示され続けてきた。

　教師がドキドキときめきながら構想した単元は、子どもの心を必ず揺さぶる。そして、生きた言葉の体験として、深く心に刻まれる。

　国語単元は、「ドラマ」でなければならないと思う。そんな単元を構想すること、子どもと創ること。それこそが、国語教師の喜び。

第 **2** 章

実践・二瓶メソッドの
国語授業

対話、（自力読み）

仲間と対話し、学びを深め合うことのできるクラスに

青森県・藤崎町立藤崎小学校　弥延浩史

1 私が影響を受けた二瓶学級の姿

（1）二瓶実践との出会い

　教職に就いたばかりの頃，国語の授業をどのように行うかでよく悩んでいた。振り返ってみると，物語文で言えば，登場人物の気持ちをひたすら問うような授業。説明文であれば，書いてあることをなぞる授業がほとんどであったように思う。

　もちろん，それでは子どもたちが言葉の力を身に付けているとは思えず，自分の授業をどうにかして改善していきたいという思いでいっぱいだった。先行実践を追試したり，書籍などたくさん読んで実践したり，さまざま行った。研究会にもたくさん参加した。年月を経て，少しはまともな授業になったような気がしたが，まだまだ満足することはできなかった。

　そんなときに出会ったのが二瓶氏の授業，そして二瓶学級の子どもたちだった。前向きに学びを追究していく子どもたちと，教室に流れる空気。「こんなに話せるクラスがあるのか」，「こんなに学びに向かう熱のあるクラスがあるのか」と驚かされた。その後の自分自身の実践に大きな影響を与えたのは，言うまでもない。

（2）「前へ出よ！」の空気をつくる

　それから，毎年のように二瓶学級の子どもたちに出会うため，附属小学校へと足を運んだ。あるときは，目を輝かせて精一杯の気持ちを込めた語りを目の前でプレゼントしてくれた1年生がいた。あるときは，中心人物の心情の変化を，仲間たちに向けて一生懸命説明する姿を見た。共通するのは，二瓶氏の言う，「前へ出よ！」という空気が，どの学級にも流れていたことだ。

仲間と対話し、学びを深め合うことのできるクラスに　73

「話したくてたまらない！」というように，「○○したい！」という空気が学級を支配するようになるのは，なかなか難しい。そこで，私が意識したのは「対話」である。それまで，学級で行ってきた授業では，指名の仕方などにさまざまなバリエーションを取り入れるなどしてきたが，一人一人の発話量は決して多いとは言えない状況であった。

よって，ペアやグループで話をさせるということも取り入れたが，うまくいくペアやグループもあれば，そうでないペアやグループもある。「話し合いましょう」と言っても，すぐにはできない子どもたちもいる。よって，段階を踏んで育てていく必要性を感じた。

二瓶氏は，ペア対話の条件として，以下の3つを挙げている。

> ①話したいことを短く区切り、相手と交互に話す。（全部続けて話さない）
> ②あなたの話を確かに聞いているよと伝わる態度・反応を示しながら相手の話を聞く。
> ③おわりの合図があるまで沈黙の時間を作らない。

これを生かし，学級ではさらに対話の合言葉として，「いつでも」・「どんな場面でも」・「誰とでも」というものを掲げた。また，対話をする際の組み合わせを考えて意図的な席替えを行った。できたことを認める場面を意識的に設けていった。これにより，学級の様子は大きく変わっていった。

また，ショートタイムでペア対話を行う活動も実施した。次の実践紹介で詳しく述べるが，この活動は授業の場面でも大いに生きてきた。

2 実践紹介

（1）ショートタイムペアトーク

学級では，朝の会などのショートタイム（5分程度）を活用して，ショートタイムペアトークを行った。なお，ペアトークとは，学級内での用語であり，ペア対話と同義である。

これは，お題に沿ってペア対話をするという活動である。例えば，「自分の

好きな○○」とか，「最近のマイブーム」とか，「最近笑った出来事」というようなお題を出し，そのことについて対話をする。

　まず，どちらが先に話すかを決めてから行う。先に話す方は，どちらかというと話し手のカラーが強くなる。細かく区切って話すことを条件にすることで，相手の反応や返ってくる言葉を受けて話を続けることになる。逆に後から話す方は聞き手のカラーが強くなる。あいづちをうったり，自分が思っていることを返したりしながら進めることになる。

　初期の段階では，対話が上手くいったペアに対話の再現をさせてモデルを示すことも有効であった。授業における対話の場面と両輪で実践したことにより，「自分の考えを話して当たり前」という空気が学級に流れていった。

（2）何をどのように「対話」させるのか

　子どもたちが話せるようになってくると，授業がうまく流れているという感覚になる。実は，ここに落とし穴があると私は感じている（後述）。

　授業において，子どもたちの対話が活発になるきっかけの1つに教師の発問がある。下の板書を見てもらいたい。この授業の板書は，3年生が出会う最初の説明文のプレ学習として行ったものである。

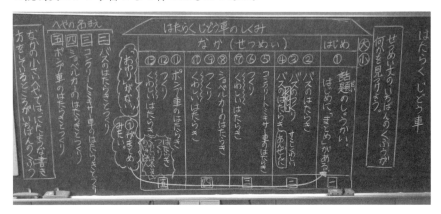

　勤務地で採択されている教科書では，3年生で出会う最初の説明文は「めだか」である。その前に，「いろいろなふね」で説明文の構造などを読み，そこで得た読みの力を「はたらくじどう車」で活用しようとねらったものである。

仲間と対話し、学びを深め合うことのできるクラスに　75

　「3年生の説明文を読むために，自分たちの力をレベルアップさせるんだ」
と方向付けたことで，意欲的に読み進めていった。「いちばんのくふう〜」を
問うことで，筆者の書きぶりや伝え方について詳細を読むことにもつながり，
活発な対話を生んだ。また，「いちばんの〜」という言葉も，子どもたちの意
欲喚起に有効であった。発問一つで，対話へ向かう意識は大きく変わってくる
のだ。
　また，ペア対話のなかで，「いろいろなふねと似ているけど，まとめがない
よね。」「うん。説明っぽいので終わってる。」というやりとりがあったので，
全体での話し合い（全体対話）の際には，そのペアの発言を拾って「まとめが
最初にくる説明文がある」ということも確認できた。対話を通して，読みが深
まっていくという実感もあった。

「ペア対話」の実践化のポイントと課題

　学級では，対話のときの声量は，「先生が回ってきたときに，何を話してい
るのか分かるくらいの声の大きさで」と伝えている。特に，初期の頃はそれを
意識付け，実行しようとしているペアの姿をよいものとして価値付ける。
　そうすることで，自分の考えを伝える（表現する）ことが当たり前になり，
活発に考えをやりとりし合う姿が見られるようになってくる。
　しかし，学習に対して主体的に関わろうとする心情が育ってきているのは確
かであるが，活発に話し合いをしているから何となくそれで授業が流れている
ように感じるのが落とし穴（課題）だろう。
　よって，ペア対話→全体で伝え合う（全体対話）という活動の後に，「自分
自身で本時の学習のまとめを書く」活動など，個人の活動を取り入れることが
重要であると考える。そこで書いている文章が，教師がねらっていることとず
れているのであれば，発問や対話のさせ方に問題があるということになる。ま
た，個人でまとめる際の観点が分かっていないということになる。
　自力読みは個のまとめでもある。だから，何をどのように対話させるかを考
え授業を行っていくことが重要だ。二瓶氏の実践から学んだことである。

説明文の自力読み

説明文の美しいしくみを学ぶと，文章が立体的に見えてきた

香川県・香川大学教育学部附属高松小学校　**加地美智子**

1 「説明文の自力読み」の魅力

(1)「説明文の自力読み」との出会い

　「説明文を読むのがおもしろくなった」―こんな子どもの声を聞くと嬉しくなる。しかし，裏を返せば，「説明文を読むのがおもしろくなかった」時期があったのだろう。きっと文章が平坦に見えていたからだと思う。

　二瓶先生との出会いは15年前。初めて教えていただいたのは物語の自力読みだった。受け身で臨んだ研修だったのに，いつの間にか挙手していた。物語を読むのがおもしろいと感じた。この思いを自分の教室の子どもたちにも味わわせたくなった。もっと学びたいと思った。次回は説明文の読み方を学びたい…。

　「説明文の自力読み」を学ぶ機会が訪れた。「筆者には読者に伝えたくてたまらないことがある」―その言葉に衝撃を受けた。今思えば当たり前のことなのに，説明文に自分の伝えたいことを託した筆者がいることを知った。そのときから，説明文に筆者のぬくもりが感じられるようになった。筆者は事実から何かを知ることで驚き，大きく感動したことを伝えたくてたまらないのだ。

　二瓶先生から「説明文の自力読み」を学んだ私が自分の教室の子どもたちとつくり出してきた授業をもとに，説明文を読む魅力を検証しようと思う。

(2) 実践の構想

　「優れた説明文には美しいしくみがあり，説明文の家をイメージするとしくみを捉えやすい」と学んだ。「家」をイメージする…。分かりやすい！

- 家は「始め・説明・終わり」という3つの大部屋からできている。
- 「始めの大部屋」と「終わりの大部屋」にはそれぞれ3つの性格がある。

説明文の美しいしくみを学ぶと，文章が立体的に見えてきた　77

・「説明の大部屋」は，中部屋や小部屋から成り立っている。
・中部屋や小部屋には，兄弟のように名前を付けることができる。

　説明文の構成を家の形で表しながら，上のような約束事を協定していく。すると，説明文の構成の特徴を学びつつ実に美しい家を完成させることができる。
　子どもたちとの学びの中で，いろいろな説明文を家の形に表してきた。単元のねらいや展開に合わせ，ときには子どもたちのアイディアも取り入れながら学びに取り入れた。この家を「説明文ハウス」と呼ぶようになった。ここでは，4年生の子どものノートから，説明文ハウスの2つのパターンを紹介する。

2 実践紹介

(1) 教材文「ヤドカリとイソギンチャク」（東書4上）の説明文ハウス

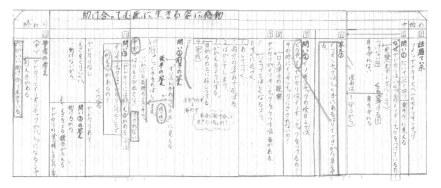

　「ヤドカリとイソギンチャク」を教材文とした単元では，文章の構成を学びながら内容を読み取っていく形で学習を展開した。この単元では，第12段落の文「ヤドカリとイソギンチャクは，たがいに助け合って生きているのです。」をもとに，筆者の伝えたい思い「多くの危険が潜む自然界では小さな生き物同士が助け合って必死に生きている」ことを読み取り，それをもとに他の生き物同士の助け合いについて説明文に表す活動へと発展させたかった。そこで，

・始め―中（説明）―終わりの構成　　・中では双方の利益を取り上げる

・中は問い―答えのセットで　　・順序を表す時は「まず」「次に」等
・AからBに説明が移る時は「では」　・事実と考えで文末を使い分ける

といったことを,説明文ハウスを書きながら学ぶ場とした。

　このように,説明文ハウスの中に内容と構成を組み合わせて学ぶことにより,筆者の研究や思いが捉えやすくなった。本実践のように,説明文ハウスを使って読み深めていくときには,筆者が最も伝えたいことをどのように受け取ったか,家の特徴的な部分である屋根に書くことにしている。また,自分が調べた生き物同士の助け合いを美しいしくみの説明文で伝えるには,どのような構成にすればよいか,説明文ハウスを活用して考えながら書くことができた。

(2) 教材文「くらしの中の和と洋」の説明文ハウス

　「くらしの中の和と洋」を教材文とした単元では,先に文章の構成を捉えてから,内容を読み取る形で学習を展開した。そこで,説明文を一読した後,説明文ハウスを作りながら自力読みに挑戦した。子どもたちが着目したのは第3段落である。第3段落は始めの大部屋か中か,議論が交わされた。「第3段落には,第4,11段落の言葉があるので,中の大部屋の話題提示みたいな役割の段落で,この後どんな説明をするのか予告しているのではないかな。」という発言に,多くの子どもたちが納得した。同時に,これまで中の大部屋にある複数の小部屋を兄弟のような並列関係と見ていたのに,横並びにならない小部屋があることに気付いた。

　この後の内容の読み取りでは,表現物「くらしの中の和と洋ブック」を書く活動を意識して,中の大部屋での和と洋の説明の順序と方法に着目していった。

その際，第3段落で述べたことを第4段落以降の2つの意味段落で詳しく説明しているように，どの段落でも，1文目で大まかなことを伝えた後，2文目以降で具体例を挙げながら詳しく述べているといった筆者の書きぶりの特徴に気付いていった。そのことを，自分の表現物に取り入れる子どもも見られた。

「説明文の自力読み」実践化のポイントと課題

　説明文の構成を家の形にたとえるのは，子どもたちにとって理解しやすい。「家にはしっかりとした柱や壁でできた部屋があり，いくつかの部屋で立派な屋根を支えているよね。」「玄関から家に入ると，始めの部屋を通って中の部屋に行くよね。部屋と部屋をつなぐ渡り廊下もあるね。」等，実際の家の造りをイメージすると，説明文が家の形と重なってくる。私が子どもたちに説明文ハウスと出会わせるときには，「いろいろなふね」（東書1下）の説明文ハウスを一緒に書き，文章を簡単に捉えられることを実感させることにしている。

　説明文単元はもちろん，全校朝会での校長先生のお話や小学生向け新聞の記事等，様々な伝えたいことをハウスに整理していくことで，説明文ハウスの汎用性，有用性に気付けるようにしている。

　3年生後半からは，「始め」と「終わり」それぞれの大部屋には3つの性格があることを教え，説明文の自力読み指導の新たな段階に入る。部屋の性格の検討を繰り返していくことで，筆者が最も伝えたいことの中心を意識して読み深めることができるようになってくる。

　現在担任している4年生の子どもたちは，3年生の始めから説明文ハウスを使って学んできた。最近では，新しく出会う説明文を一読した後すぐに挙手し，「説明文ハウスに書いたら□段落は○○の部屋で…」といった，構成に着目した発言をしている。理由として，部屋の性格や役割と，文章中にある言葉や文を挙げる。文章から大事な言葉や文が浮き上がって自分に訴えかけてくるように読めているのだろう。文章が平坦ではなく，立体的に見えているのだろう。

　説明文の自力読みをはじめ，子どもたちに言葉の力を獲得させることに力を注いでこられた二瓶先生のご実践と魂をこれからも受け継いでいきたい。

説明文の自力読み

説明文の「美しいしくみ」「論の展開」を表現に生かす
−「食べもののひみつを教えます」の実践から−

北海道苫小牧市立若草小学校　左近伸一

1 子どもが「倒れる」説明文の授業からの脱却を目指して

（1）圧巻の飛び込み授業

　二瓶先生は，従来の説明文の授業をこのように表現している。

> 　しばらく音読が続く中で，教師はふと気付く。あそこの席のあの子が
> すでに目がうつろになっている。（中略）さらに，あの子が，あの子が，
> バタバタと「倒れる」。文章の途中で，クラスの半数以上の子どもたちが
> 倒れている。彼らは，読み続けることをすでに拒否している。
>
> （『説明文の「自力読み」の力を獲得させよ』より）

　私の国語授業もこのような雰囲気であった。そう，子どもが倒れていくのである。どうすればこの状況から脱却することができるのか。その手がかりを得られたのが，とある学校で行われた二瓶先生による飛び込み授業だった。

　初めて出会った子どもが，説明文の「美しいしくみ」を知る。そして，「なぜ，説明文を学ぶのか。」という学びの本質に触れる。わずか45分であったが，子どもは倒れるどころか，目をキラキラさせながら授業に参加していた姿を今でも思い出す。「こんな授業をつくりたい！」と改めて思わせる45分間であった。

（2）実践の構想

　小学校3年生になると，様々な場面で調べた結果を相手に分かりやすく説明する場面が増えてくる。しかし，言葉で説明することへの抵抗感も生まれてくることが多い。説明するためのツールが子どもの中にないからである。「説明することは楽しい。」「説明はそれほど難しくない。」という意識をもたせるために，まず説明するためのツールとして「美しいしくみ」を教えた上で，その

説明文の「美しいしくみ」「論の展開」を表現に生かすー「食べもののひみつを教えます」の実践からー　81

「美しいしくみ」を活用して説明する経験が必要だろうと考えた。

2 実践紹介

（1）説明文の「美しいしくみ」の体得〜「いろいろな　ふね」の活用

　「すがたをかえる大豆」の学習に入る前に，「いろいろな　ふね」（東書１年）を使って説明文の構成を捉える学習を行った。下学年の教材文を使って必要な内容に絞って指導を行うことは，説明文だけでなく物語文においても二瓶先生から学んだことの一つである。ここでは以下の点について指導した。

・説明文は「はじめ」「せつめい」「おわり」の３つの大部屋からできていること。
・「せつめいの大部屋」は，いくつかの小部屋（＝意味段落）に分けられること。また，それらには名前（＝小見出し，要点）がついていること。
・「はじめ」「おわり」の大部屋には３つの性格があること。

◆ **「はじめ」の大部屋の性格**
①話題の提示　②大きな問いの投げかけ　③はじめのまとめ（伝えたいことをはじめに述べる）

◆ **「おわり」の大部屋の性格**
①終わりのまとめ（「このように」と説明してきたことを括ってまとめる）
②大きな問いの答え　③筆者の考え・思い，読者へのメッセージ

・筆者は**自分の考えを読者に伝えるため**に，この「美しいしくみ」を使って文章を書いていること。

　１年生の教材と言うこともあり，子どもたちはすんなりと読み進めることができた。

（2）「美しいしくみ」「論の展開」を使った『すがたをかえる大豆』の読解

　まず，「すがたをかえる大豆」を読み，文章全体を「はじめ」「せつめい」「おわり」の３つの大部屋に分け，「はじめ」「おわり」の大部屋の性格を考えさせた。また，「せつめい」の大部屋についても，小部屋に分けた上で名前を付け

る学習を行った。「せつめい」の大部屋では，加工の工夫と食品名を対応させながら名前（＝小見出し）を付けるよう指示した。子どもはこの活動を通して，自分たちが書く説明文の書き方を蓄積していった。

　小部屋の名前を付け終わったところで，「なぜ，筆者はこの順番で小部屋を並べたのだろう。」と尋ねてみた。しかし，子どもの思考回路の中に「論の展開」というものが意識されていなかったため，議論するほどの多様な考え方を引き出すことができなかった。そこで，もう一度「いろいろな　ふね」に戻り，「一般から特殊へ」という論の展開の基本について学ぶことにした。

　「一般から特殊へ」という考え方を踏まえると，大豆をその形のまま煮る・炒る工夫が子どもにとって分かりやすく，目に見えない小さな生物の力を借りる工夫はとても手が込んでいるだけでなく，見た目からは大豆とはわからないということが子どもにも実感された。

　「すがたをかえる大豆」を通して，子どもは「美しいしくみ」と「論の展開」を学んだ。これらを学ぶことで，子どもは「自分の考えを，読者により分かりやすく伝える」ために取り組む観点が明確になり，自信をもって表現活動に臨むことができるようになった。

（3）「美しいしくみ」「論の展開」を活用した説明文の作成

　「すがたをかえる大豆」を学習した子どもは，「食べ物のひみつを教えます」という学習を通じて，米・麦・牛乳から自分が選んだ食材の工夫を，本や聞き取りなどを通して調べ，わかったことを説明文にまとめる学習に取り組んだ。今回は，第二次で学習した「美しいしくみ」と「論の展開」に焦点化した説明文を書くことに集中させるため，「はじめ」「おわり」の大部屋は，教科書の例文をそのまま使わせた。

　「すがたをかえる大豆」を通して分かりやすい説明のためには「美しいしくみ」と「論の展開」が大切だということを学んだ子どもは，並行読書を通して調べたことに加え，保護者や栄養教諭などに聞き取りをしてわかった加工の工夫を自分なりに取捨選択し，読み手に自分の考えを少しでも分かりやすく伝えるための構成を考えた。使った資料の量で多小の差はあったが，全員が説明の

小部屋を3つ以上持つ説明文を書くことができた。

　この単元の学習を終えた後，学習の感想を書かせた。その中で印象的だったのは，「最初，説明するのは難しそうだったけど，やってみると簡単だった。」「『はじめ』『せつめい』『おわり』のお部屋を使えば，わかりやすい説明ができることがわかった。」という感想が多かったことだ。子どもの中に，学習した内容を生かして説明文を書いたという満足感が伝わってきた。

（4）日常の表現活動への活用

　この学習を終えたあと，行事の作文やお礼の手紙等を書く場面でも「美しいしくみ」を意識して書くよう指導した。3つの大部屋の性格をその都度確認し，具体的にどのようなことを書けばいいのかを子ども同士で確認させることで，書くことに苦手意識をもっていた子どもも，自信をもって文を書くことができるようになっていった。「美しいしくみ」や「論の構成」を教えることは，説明文の自力読みの力を高めるだけでなく，子どもの表現力の基礎ともなりうると感じた。

「説明文の自力読み」実践化のポイントと課題

　「説明文の自力読み」の指導を進めるうえで大切なことは，下学年の教材文を使って，子どもに共有させたい内容を指導することである。二瓶先生がどの学年でも「いろいろな　ふね」を使うように，できるだけ簡単な教材文を使って基礎的な事項を指導し，それを繰り返し使うことを通して定着に結びつけていくことが，学級全体での知識の共有につながっていく。

　これからの国語教育は「自分の読み」を他者と交流・共有することを通して，自己の考え方を深めていくことが求められている。そのような観点からも，知識の共有を図るために下学年の教材を活用することは極めて重要になるだろう。

　今回の実践では，文章構成や論の展開を中心に指導した。下学年の教材文を使って指導する場合，「何を教えるか」を明確にして指導内容を絞ることが大切になるだろう。

物語の自力読み

「自力読み」を基盤にした
読解力向上カリキュラムの構築

新潟県・糸魚川市立青海小学校　**谷内卓生**

1 「物語の自力読み」の魅力

（1）「物語の自力読み」との出会い

　私は，二瓶氏の「物語の『自力読み』の力を獲得させよ」という主張に強く共感し，「自力読み」の自校化に取り組んだ。3年間に全校20学級の担任教師とのべ40回の授業研究を重ねた。その結果，「国語が好き」と答えた子どもが75％を超え，学力検査の「読むこと」の偏差値が50から54にまで上昇した。

　読解力向上の基盤に「自力読み」を選んだのは，二瓶氏が示す「物語の自力読みの観点」が，学習指導要領の指導事項をより具体化・系統化したものだったからだ。また「自力読み」は，系統的に読みの力を育てつつも，作品の心（主題）は子ども一人一人に委ねられているという点も魅力だった。何より，いずれ自分一人の力で自力で物語を読めるようになるという学習主体に着目した授業理論だったことが大きい。

（2）実践の構想

　子どもたちの読解力を高められた最も大きな理由は，全学級で同じ指標，同じ用語を用いて指導したことにある。国語の物語の読解指導には，さまざまな実践や理論の蓄積がある。この国語授業研究の奥深さは財産である一方で，指導法が学校全体で共有されにくいという課題でもあると思う。6年間の蓄積が生まれにくいのだ。登場人物の中で最も詳しく描かれている人物を何と呼ぶのか，その人物に大きな影響を与える人物を何と呼ぶのか。担任が変わるたびに学習用語が変わったとしたら，その度に，授業者も，学習者も，以前に教わったこととどう違うのかを整理しなければならない。中心人物や重要人物，前ばなしや後ばなしといった学習用語を全学級で共有すれば，さらに，場面を分け

てクライマックス場面を決め，大きな変容を調べるという学習プロセスまで共有できれば，学年や担任が代わっても，子どもたちの思考に無駄なズレが生じない。こう述べると，窮屈に感じる方もいるだろう。自分なりの指導が行えないからだ。しかし，そんなことはない。私が目指した「自校化」では，骨組み（ボーン）だけを共有し，どんな肉付けをするかは授業者に一任する。同じ作品であっても，受け取らせたい主題や，取り組ませたい言語活動が異なれば，授業者の個性が生まれる。ただし獲得させたい力，教材分析の方法，単元の構成は全学級で共有したいのだ。

2 カリキュラムづくりの実際

　発問や対話などの〔授業レベル〕の課題のみを追究してはいけない。物語の読解力向上カリキュラムを考える際，最初に考えたことがこれである。なぜなら，物語の読解指導における最大の課題は，「何を教えるのか」にあると考えていたからだ。とすると，〔授業レベル〕の研究と同時に何を教えるのかという〔指導内容レベル〕の研究を行わなければいけない。しかし〔指導内容〕の研究は，国語教育の研究者が長く取り組んでいる課題であり，地方の公立学校の校内研究で〔授業レベル〕の研究と同時に進められるような課題ではない。したがって〔指導内容レベル〕を追究している理論や実践に依拠することが必要だった。そして私は，筑波大学附属小学校国語部が追究している系統学習論から二瓶氏の「自力読み」を選んだ。「自力読み」をベースにすれば，授業における子どもたちの関わりを増やせばいいという人間関係中心の授業改善でもなく，プリントをたくさんこなせば学力が高まるという習熟中心の授業改善でもない，主体性に立脚した読解力向上の授業改善ができると考えた。

　ところで，どの地域にも先駆的な研究に何年も取り組んでいる学校がきっとある。そんな学校のカリキュラムに出合うと，私は，研究への情熱が駆り立てられると同時に，「普通の学校にはできない」と悔しくなる。しかし，普通の公立学校にも活用できる資源（リソース）がたくさんある。まずは教科用図書だ。自明だが，国語教育の研究者によって編成されたカリキュラムは最大限生

かすべきである。県や地域によっては，独自の学力向上カリキュラムもあるだろう。私たちには「自力読み」があった。これらのリソースを整理し，焦点化すれば，国語の読解力向上カリキュラムを自主編成できる。私は，次の4つの指標を職員に示し，単元づくりや授業づくりの「骨」にした。

ボーン① 「読みの観点一覧表」

「自力読みの観点」に習って，6つの観点（物語の構成，時と場，人物，あらすじ，主題，視点）を系統的に教えていくことにした。後述するが，これが自分たちのものになるまでには多くの失敗があった。観点の内容は，年度が変わるたびに成果と課題をもとに見直しを図った。

ボーン② 「文学的文章の単元一覧表」

物語の単元で育てる力は，読解力だけではない。声に出して読んだり，本を読み広げたりする力も育成される。そこで，教科書会社の単元配列表を活用しながら，物語作品を音読単元，読書単元，読解単元の3つにはっきりと分類することにした。読解単元は，学期に1回ずつしかないことが明確になった。

ボーン③ 「教材分析表」

「自力読み」の授業を行うには，独自の教材分析が必要である。そこで，授業者による教材分析（物語の大きな設定，場面構成，視点，クライマックス場面の3つの問い，作品の心など）を表にまとめることにした。授業者自身が作品と向き合っていないと，子どもの発言の裏側にある思いを受け取れない。

ボーン④ 「単元構想表」

単元を3段階に分けた。第1段階では，作品の構造を調べ，クライマックス場面の位置を確認する。第2段階では「どうして中心人物は変わったのか」という単元の核となる課題について考える。第3段階では，作品の心（主題）を書いたり，音読発表会などの表現活動をしたりして作品全体をまとめる。

4つのうち，核になるのが，ボーン①「読みの観点一覧表」である。何をどの学年で教えていくのかは，当時の二瓶氏の書物からだけでは把握できず，実際に自分たちで教材を分析し，やってみるしかなかった。取組1年目，恥ずかしい話だが，1年生の子どもたちに「くじらぐも」のもっとも大切な場面を問

う授業を試みた。子どもたちは下を向いたままになった。失敗だった。音読も十分にできない子たちには無理なのである。子どもたちの反応や理解がよかったのでつい難しい課題に挑み，中途半端に終わってしまったという反省もあった。このような「指導の前倒しによる意欲の低下」や「知識・技能の詰め込み」を防ぐために〔重点目標〕を３つ設定し，各学年部の目標を明確にした。

「物語の自力読み」実践化のポイントと課題

このカリキュラムづくりで必要不可欠なのが，教師集団のチーム力である。研究の全体像を全員で共有し，ぶれずに追究していくことは簡単なようで難しい。国語の読解指導には多くの研究があり，様々なアプローチがある。熱心な教師は，本を買い，進んで研究会に参加し，自分なりのアプローチで読解指導を行っている。一方，経験の浅い教師は，明日の授業で精一杯だ。このように授業力が異なる教師集団に，指導法の統一を提案すると，その研究主題や方法に疑問をもつ必ず教師が出てくる。当然だ。私も「自力読み」とは異なる指導法を提案されたら，すぐには賛同しない。

そこで私は，研究をスタートさせる際，読解力が弱いことを学力検査の数値で示し，読解指導が学級によって異なっていては非効率的であること，実はベテランも若手も「物語の読解単元で何を教えるか」が曖昧になっていることを述べた。そして「自力読み」という指導法ならば，何を教えるかとどう教えるかを同時に追究できると話し，チーム力の向上を促した。１年目は，この指導法が本当に読解力向上に有効なのかを，二瓶氏の実践を追試して検証することにした。１年目が終わり，子どもたちの意欲の向上や，指導のしやすさを実感した教師たちは２年目も続けることに賛同した。この「思いの共有」がないと研究は前に進まない。逆に全職員がスクラムを組んでくれれば，私一人の何倍もの力で研究が進んでいく。このカリキュラムを積極的に受け入れていたのが，学年主任や初任者担当の教師たちである。経験が浅い教師が急激に増えている今日，国語の物語の読解指導を全職員で共有することは，学校全体の授業力を高める上で極めて有効な方法だと考える。

物語の自力読み・発問

物語の人物の様子からその思いに迫る―低学年での実践―

高知県・高知大学教育学部附属小学校　田中元康

1 「物語の自力読み」・「発問」の魅力

（1）「物語の自力読み」との出合い

　物語を学習材とする授業において，教師の解釈を正解として，そこへ子ども
を誘導するような授業でよいのかという悩みをもって教室にいた。その悩みに
ついて，二瓶弘行先生は明快に答えを示してくださった。それは，学習指導要
領を紐解き，「教師の教材解釈による『正解の読み』をどう子どもたちに理解
させるのかという学びから，子どもたち自分自身が自分の力で作品を読み進め，
自らの作品世界を創造する学びへの転換」（『物語の「自力読み」の力を獲得さ
せよ』東洋館出版　二瓶弘行　pp.18）である。そして，「自らの作品世界を創
造する学び」を獲得するために，「物語の自力読みの観点」（同掲pp.40）を示
されている。これは授業において教師が取り扱わなければならないものであり，
その結果，子どもが獲得すべき観点である。この1つ1つを獲得することは，
必然的に作品の心をつかむことにつながる。

（2）「発問」との出合い

　「かさこじぞう」を学習材とした二瓶先生の授業の様子が，『物語の「自力読
み」の力を獲得させよ』（pp.88）には示されている。そこでは，物語の「3つ
の大きな問い」に基づいて，詳細に読解している様子が著されている。特徴的
なのは，人物の言動について，「どうして？」という問いを多く用いているこ
とである。例えば，じいさまの優しさが分かる行動を答えた時，そこにはその
子自身が無意識のうちに読み取っているその場面の状況や人物の思いがある。
それを，「どうして？」と問うことで，じいさまのおかれている場面の状況や
思いを「再創造」（同掲pp.98）する効果がある。人物の言動は，その言動を支

える人物の思いがある。しかしながら，直接的にその思いを子どもに尋ねた場合，子ども一人ひとりの答えが拡散して共有されない場合が授業では多くある。しかしながら，言動に焦点を当てて，その言動の理由を「どうして？」と問うことにより，子どもは登場人物の思いに迫っていくことができるのである。

（3）実践の構想

　本実践は，2年生「名前を見てちょうだい」（東京書籍2下　あまんきみこ）を学習材として，自力読みの観点のうち「人物の様子」に焦点を当て，3つの問いの3つ目，「それは，どうして変わったか」を中心に展開する。

　第1次において，「名前を見てちょうだい」の全体を読んだ子どもたちへ，「この物語で最も大きく変わったことは，何か？」と尋ねた。そうすると，「お母さんからもらった帽子が飛ばされたんだけれど，えっちゃんが取り戻したこと」と答えた。それに対して，「取り戻したの？戻ってきたの？」と返すと，取り戻したという意見と，どちらか分からないという意見に分かれた。そこで，これから物語を読む中で，見つけていくこととなった。そして，全体はいくつの場面に分かれるかを尋ね，場所の言葉を手がかりに，第1場面：家⇒第2場面：野原⇒第3場面：黄金色の畑⇒第4場面：七色の林⇒第5場面：その後（後話）の5つの場面に分かれることを確認した。

2 実践紹介

図1

　本実践は，第二次の場面ごとに人物の言動を中心に読み，「どうして変わったのか」を見出していくことをねらいとして行った。

　野原で，えっちゃんがきつねと出会う第2場面では，図1のように9枚のカードを，話の流れに沿って，順番に並べさせた。このカードには主語が書いていない。誰の行動であり，誰の言った言葉なのかに着目させるた

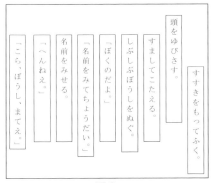

図2

図3

めに用意したものである。順番に並べることができたことを確認した後、図2のように「すすきを…」のカードを下へ、「頭を…」のカードを上へ動かした。そうすると、「なんでカードを動かしたの？」という質問をした子どもがいた。そこで、「他のカードも動かしてごらんよ」と返した。しばらく考えていたが、やがて、「すまして…」のカードを下に動かすことに気付いた子どもの発言をきっかけにして、図3のように整理することができ、上に動かしたカードはえっちゃんの行動や言葉であり、下に動かしたのは狐で、動かさなかったのは、えっちゃんと狐の両方の行動や言葉であることを確認していった。そうして、「どうして、えっちゃんは狐の頭を指さしたり、名前をみてちょうだいと言ったりしたの？」と尋ねた。すると、「えっちゃんは、狐がかぶっているのは自分の帽子だと思ったから」「帽子を取り戻したいと思ったから」といったえっちゃんの帽子への思いに気付き始めた発言が出されるようになった。

　その後、第3場面の黄金色の畑の学習でも、主語が書いていないカードを話の流れに沿って、〈えっちゃん・狐〉〈牛〉〈3名とも〉に整理する活動を行った。そこでも、えっちゃんが自分の帽子を牛から取り戻したいという思いをもっていることを見出していった。そして、第4場面、クライマックスの七色の林の学習へ入った。

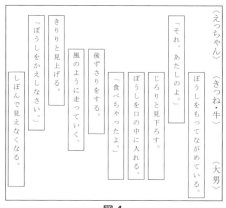

図4

　第4場面ではえっちゃん，狐と牛，大男の3つの立場が明確に分かれる。これまで同じようにカードを話の順に並びかえて，〈えっちゃん〉〈きつね・牛〉〈大男〉に整理をした。（図4）それから，「どうして，えっちゃんは，狐や牛のように逃げなかったの？」と尋ねた。すると，「自分の帽子だと思ったから」「本当に返して欲しいと思っているから」という答えが出された。この"本当に"という言葉には，狐や牛と，えっちゃんは違うということに気付いている言葉である。子どもたちの気付きを大いに認めながら，重ねて尋ねた。「だったら，えっちゃんは，帽子を取り戻したの？それとも戻ってきたの？」この問いに対しては，「取り戻した！」と自信たっぷりな様子で答えが返ってきた。「だって，狐や牛みたいに走って行かなかった」「それから…」と自分のもちえた読みを言いたくてたまらない様子である。「大男を見上げたんだ」「あたしのぼうしをかえしなさい，とはっきり言った」とえっちゃんの行動を基にしながら，自分の考えを述べている。そこで，「この時のえっちゃんの様子を動作化してごらん」と促すと，顔をしっかりと上へ向けて，カードにはない，"手をのばす"行動も行いながら，「あたしのぼうしをかえしなさい」と台詞を言う姿が見られた。

「物語の自力読み」「発問」実践化のポイントと課題

　低学年においては，今回の実践のように，カードを操作・整理するなどの活動を通して，自力読みの観点に気付くことが効果的だと感じた。そして，人物の言動をもとに，「どうして？」と尋ねることは，人物の思いに迫る上で，極めて有効な発問であることを，二瓶メソッドから学ばせていただいた。

物語の自力読み

確かな読みの力を育む国語授業づくり
―深い学びにつなげるために―

北海道教育大学附属釧路小学校　**長屋樹廣**

1 「物語の自力読み」の魅力

（1）「物語の自力読み」との出会い

　10年前。二瓶弘行先生の授業を初めて拝見した時，体中に強い衝撃が走った。こんな世界があるのかと。学級全員が「読みたい」「書きたい」「話したい」「聞きたい」という空気をもって，授業に臨んでいる様子を目の当たりにした。目に力をこめて挙手する様子，自分の意見を堂々と語る様子，仲間の考えを一言ももらさずに聞きたいという様子，自分の思いを精一杯伝えようとしている「語り」など，子どもたちの授業に向かう姿勢の凄さが強く印象に残っている。

　また，子どもたちの言葉を使って，意見をつないだり，問い返したりすることで，子どもたちの思考を深めていく二瓶先生のかかわりを見て，自分もいつか，「学級全員」が目を輝かせ，「読みたい」「書きたい」「話したい」「聞きたい」という思いを抱いて学びに向かっている国語教室を創り上げていきたいという強い思いをもった。二瓶先生からお話を伺うと，目から鱗の情報ばかり。メモをする手が止まらない。中でも，子どもたちが読み取ったことをわかりやすくまとめた「作品の星座」を初めて目にしたときの驚きを，今でもはっきりと覚えている。「自分がやりたい理想の授業だ！」そう思ったのが，「物語の自力読み」である。毎日が試行錯誤の連続である。授業づくりの道は果てしない。

（2）実践の構想

　新学習指導要領には，「構造と内容の把握」「精査・解釈」「考えの形成」「共有」と「読むこと」の学習過程が明示された。本稿では，「海のいのち」の学習材を基に，「精査・解釈」「考えの形成」の学習過程について述べていく。

　物語を確かに読むとは，物語の「作品の心」（その物語が自分に最も強く語

りかけてくること）を受け取ることである。「作品の心」を受け取るには，「精査・解釈」の学習過程で，物語の変容を捉えていくことが基盤になると考える。「最も大きく変わったことは，何か。」「それは，どのように変わったか。」「それは，どうして変わったか。」の「三つの大きな問い」を基軸として，授業を展開していく。「三つの大きな問い」を考えることで，第5学年及び第6学年の指導事項エ「人物像や物語などの全体像を具体的に想像したり，表現の効果を考えたりすること」についての学びを深めることができる。また，その過程の中で，「作品の心」を受け取ることができる。

　また，「考えの形成」の学習過程で，自分の読みを「作品の星座」にまとめていく。仲間との対話を通して，「作品の星座」が更新されていく。

　以下，具体的な実践の構想について述べていく。

　本単元では，「登場人物の相互関係や心情などについて，描写を基に捉え，物語などの全体像を具体的に想像したり，表現の効果を考えたりする力」を子どもたちに身に付けさせたい。

　そこで，本単元は一次・二次・三次で構成する。

　一次では，「作品の星座」のモデルと出会わせることによって，「作品の星座」を廊下に掲示し，全校児童・保護者に紹介しようという意欲と具体的な見通しをもたせるようにする。また，これからの学習に対する期待やめあてをもつことができるようにする。

　二次では，登場人物の行動や会話，描写などを基に，「作品の心」を捉え，「作品の星座」の中心文を書く学習を位置付ける。『海のいのち』や『いのちシリーズ』を繰り返し読み，「課題を作り，課題に対して自分の考えを持つこと」に留意する。同一作品の叙述と叙述のつながりや，シリーズ作品の叙述のつながり（変容・矛盾点等）を考えるなど，複数の本や叙述を関連付けて読みながら，作品に対する自分なりの解釈を作っていく。

　三次では，二次で書きためてきた「作品の心」などを読み返し，自己評価・相互評価を生かしながら，「作品の星座」を仕上げるようにする。また，「作品の星座」を日常の読書活動と関連付けることで，本単元で身に付けた力を単元

のみに閉じるのではなく，実生活にも生かせるようにしていく。

2 実践紹介

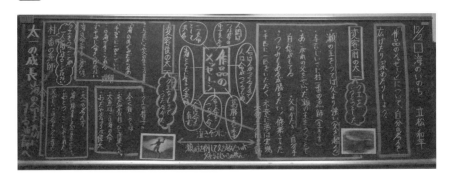

本時の目標は，「物語の全体像を考えることで，作品の心についての自分の考えを広げたり深めたりして読むことができる」である。

まず，「何が，どのように変わったのか」を問う。「太一が，クエをモリでうとうとしていたけど，クエをモリでうたずにモリをおろした。」と口々に発言していた。「あこがれの父を破った瀬の主をうつことで，父の仇を取ることができる」「村一番の漁師を破ったクエをうつことで，父を超えたかった」など，変容前の太一の心情についての発言が続く。その後，「なぜ，太一は，クエをモリでうたなかったのだろうか」（なぜ，変わったのか）と問う。「海のめぐみだからなあ」「千匹に一匹でいい」など，海の命を守ることが大切であるという父や与吉じいさの生き方に関する視点が出された。また，「おだやかな目」などのクエの様子，「クエをうつことが一人前になることではない」「海の命を大切にする村一番の漁師になる」など，太一の考え方の変化に関する考えが出された。「クエは父の仇なのに，なぜ，太一はクエを海の命だと思ったのだろうか」と教師が問い返す。「いや，そうではなくて，クエをモリでうつことは，太一の子孫にも影響すると思ったんだよ」「そうそう，命のつながりに気付いたんだよ」などの発言が出された。「作品の心」を「命のつながり」という視点で考えた子どもが多数いた。これらの読みを，一人ひとりが「作品の星座」

にまとめていった。

「物語の自力読み」実践化のポイントと課題

　物語の「作品の心」を受け取ることができたら，読者は物語を読むおもしろさを味わうことができる。「何が，どのように，なぜ変化したのか」を考えることは，「作品の心」を受け取るためにも，物語などの全体像を捉えるためにも有効である。子どもたちの思考をより深めるために，対話に必要感をもたせるための単元構成の工夫や教師の問い返し発問の工夫などの手立てを講じた。また，「作品の星座」を記述することで，子どもたちは自分たちの学びの成果を実感することができた。今後も，子どもたち一人一人が本当の意味で「物語の自力読み」ができるようになり，学んだ読み方を，日常の読書生活に生かしていけるような読み手を育てていきたい。

　　　　〈参考・引用文献〉国語授業における「深い学び」を考える
　　　　　　　　　　～授業者からの提案～ P 106～P111　東洋館出版

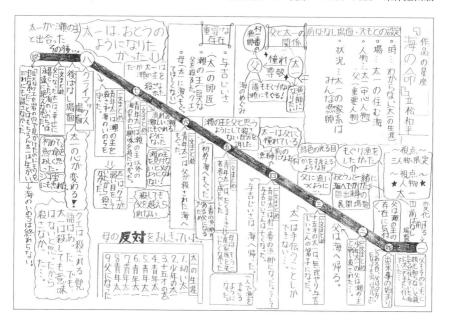

物語の自力読み

「あなたの考え，分かるよ！なるほど！」
と言い合えるクラスに

香川県・高松市立古高松小学校　**藤井大助**

1 「物語の自力読み」の魅力

（1）「物語の自力読み」との出会い

　私にとって国語は，一番分かりづらい教科だった。何を手がかりにして読めばいいのか。何を学ぶ教科なのか。漠然としたままだった。そんなとき，二瓶先生の「物語の自力読み」に出会った。例えば，場面の様子の移り変わりや登場人物の気持ちの変化などに気付けるようになるために，どんなところに着目して読めばいいか，ということが明確に述べられていた。学びの目的と着目すべき点が見えてきた子どもたちは，作品に触れるごとに面白さ（作品の味わい）を感じていった。そこには，自分の考えを誰かに聞いてもらいたい，誰かの考えが聞きたいというような子どもの姿があった。自分の課題と向き合うための武器を持っている子どもは，自分なりの「おそらく妥当だろう」と思う考えをどうにかはっきりさせるために，他者との交流を求めるようになる。もし，教師主導の解釈を押しつける授業をしていたら，子どもたちのこのような生き生きとした姿には出会えなかったに違いない。

（2）実践の構想

　教材「世界一美しいぼくの村」は平和で美しく活気にあふれた村を舞台にお話が進んでいく。そんな中，ふとした人と人とのかかわりの中に，戦争の影が随所に読み取れる教材である。主人公の小さな男の子の「サクランボを売る」という初めての挑戦への不安な気持ちが，人との関わりを通して幸せな気持ちへと変わる。しかし，幸せを生んだ人と人との関わりが，また，戦争に行った兄に対する心配な気持ちを生み出させる。しかし，お父さんが買ってくれた子羊から，新しい家族が増えた喜びと「きっと春には帰ってくる」という兄への

思いをそっと胸にしまう家族思いの姿が読み取れる教材である。

　表現上の特徴としては，前ばなし場面（設定）では，時，場，人，そして，状況が表現されている。中でも自然を生かして豊かに生活している様子が描かれつつも，戦争という全く反対のものも背景として存在していることも表現されている。展開場面での主人公の成長と不安が，クライマックス場面（山場）では，不安や心配な気持ちを「新たな家族」という喜びと期待で家族への心が表現されている。そして，後ばなし場面の「はかい」という言葉が，もう一度前の場面での出来事を振り返りさせつつ，読者に自分の考えをもたせる表現になっている。

2 実践紹介

（1）実践に向けて

①獲得させたい「言葉の力」

※叙述をもとに，気持ちの変化や場面の様子をとらえている。

※目的に合わせて，項目を決め，メモでまとめようとしている。

※自分の考えをもち，一人ひとりの感じ方に違いがあることを理解しようとしている。

②導入部での学習計画

　導入部では，具体的な学習計画を子どもたちと一緒に立てたい。例えば，本単元では，「言葉の力」とも関わる発表メモ（読書発表会で使うもの）の様式や心に残った言葉，そのわけを紹介し合うことで，様子や気持ちを表す言葉に注目しながら学習計画を考える。

③子どもたちが自力で取り組むこと

　子どもたちの言葉の力は，日々はっきりとしたものになり，他の言葉を使う場面で生かされ，役に立っていく。そのためにも，物語教材に出会ったときは，中学年であれば「場面構成，設定，中心人物，重要人物を確かめ，ノートにまとめる。」ことができる力を育んでおきたい。また，「場面ごとに内容を短くまとめる。」ことも習慣になるよう指導したい。

④様子や気持ちを表す言葉

　心に残った言葉の理由を発表するときには，子どもたちの想像のもととなる心に残った言葉に注目できるようにしたい。人物の相互関係や作品の構造を以下のように板書しながら，想像する面白さを実感できるようにしたい。

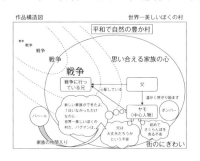 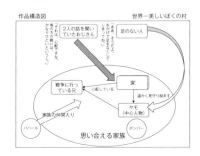

（2）単元計画

一次１時○読書発表会のために，何をどのように紹介するか話し合う。
　　　　・発表メモの項目を話し合う。
　　　　・学習計画を立てる。
　　２時○全文を読み，場面構成，設定，中心人物，重要人物を確かめる。
　　　　・場面ごとに内容を短くまとめる。
　　３時○心に残った言葉とその理由を自分のノートにまとめる。
　　　　・心に残った言葉を紹介し合いながら分類する。
　　　　・特に学級で検討したい言葉を決める。

【学習計画】
①紹介する本を決めようとする。（並行読書用）
②共通教材『世界一美しいぼくの村』から心に残った言葉とその理由を考え交流する。
③共通教材の発表メモをつくる。
④紹介する本を決め、発表メモをつくる。
⑤発表会をし、質問をしたり感想を話したりする。
⑥興味をもった本を読んでみる。

二次４時○課題「どうして，世界一美しい村なのか」について叙述から想像したことをもとに考える。

・設定場面から自然の情景がイメージされる。

・「街のにぎやかさ」をみんなで役割を決め声を出し体感する

・日常の生活と戦争の関係についてもふれる。

5時○課題「どうして，一日だけいなかっただけなのに，なつかしさを感じたのか」について叙述から想像したことをもとに考える。

・一日で起こった出来事を並べてみる。

・ヤモの気持ちの変化に注目する。

6時○課題「最後の一文について考えたことを話し合おう」

・自分の考えをもった上でグループで紹介し合い，全体へ。

7時○『世界一美しいぼくの村』の紹介を発表メモにまとめ，グループごとに紹介する。

三次8時○読んだ本の中から，学級の仲間に紹介したい家族やふるさとを思う心をえがいた本を決める。

9時○家族やふるさとををえがいた本の紹介を発表メモにまとめる。

四次10時○家族やふるさとを思う心をえがいた本の紹介をする。

11時○仲間の紹介を聞き，質問や感想を伝え合う。

○紹介を通して，興味をもった本を読んで回る。

「物語の自力読み」実践化のポイントと課題

　中学年から高学年に向けて，物語の「3つの大きな問い」を意識して教材研究をした。

「3つの大きな問い」を意識することで，仲間の考えが聞きたくなる瞬間は，必ず増える。

　また，既習教材を意識して使うようにしている。低中高学年と教師が系統的に学習を見通しておくことも大切になってくるだろう。

　さらに，高学年での「作品の心」という読みのゴールに到達させるためには，中学年で，場面の様子や人物の変容を想像し，自分の考えとして交流できる機会をたくさん設けていきたいと考え，日々の実践に取り組んでいる。

物語の自力読み

二瓶メソッド『作品の心』
私はこう授業する！

高知県・土佐市立蓮池小学校　**松岡俊宏**

1 「物語の自力読み」の魅力

（1）私にとっての「物語の自力読み」

「客観的な読み」をもとにした「主観的な読み」。物語の読みにおける二瓶氏の考えは実に明快である。その中で編み出された二瓶メソッドを自らの授業に活かしていく実践は私にとって楽しく険しいものであった。

その成果と課題をふまえ，授業に取り入れやすく汎用性のある稿にするために『作品の心』（読者論にたった主観的な読み）交流学習の授業化を中心に報告したい。

（2）「作品の心」を交流する活動で目指す授業

物語は読む人に『人の世の中にある美しいもの』を感じさせてくれる。物語が人に好まれるのは，ただ文章を正確に読むだけではない，そんなよさや感動があるからであろう。

単元の終盤で，これまでの客観的な読みを子ども自ら再構成し『作品の心（作品が読者である自分に最も強く語りかけてくること）』を表現させ交流する活動でこそ，そのような物語読解のよさが実感できるのではないだろうか。

2 実践紹介

4年生を例に【はじめの段階】と，【学年後半の段階】の実践を紹介する。

（1）【はじめの段階】での「作品の心」交流学習
―『一つの花（8／9時間目）』―

本年度はじめての「作品の心」の学習。まずは，とにかく自分の思いを端的に表現させる。

《本時のねらい》…一つの花を読んで最も強く感じた「美しいもの・こと」を，漢字一文字または一言で表現し交流する。

《授業の流れ》
　①クライマックス・後ばなし場面の音読。
　②ノートに自分の作品の心を漢字1文字または一言で書く。
　③①が書けた子から教師に個別に持ってくる。花丸をもらったら自分の作品の心を板書する。
　④その後，席にもどってその理由を書く。（理由が書きにくい子は，その場で教師が聞き取ったり，いっしょに考えたりする。）

『花』，『愛』，『優』，『平和』，『願』，『思い』，『強』，『暖』，『親』，『戦争』，『成長』，『生きる』等々，黒板はたくさんの作品の心を表す文字でうめられていく。

だが，一文字というあまりに端的な表現であるため，表現者の思いが伝わりにくいものもある。

この曖昧さがいい。

友だちの思いが知りたくなるのである。
「『生きる』ってどんな意味ですか？」
「厳しい戦争の中でも，ゆみ子たちはしっかり生きぬいて成長しているのが強いなぁと思ったからです。」
「『思い』ってなんですか。」
「お父さんお母さんのゆみ子への優しさや平和への願いなど，作品全体からいろんな思いが伝わってきたからです。」

このような話し合いが続く中で子どもたちは，相互に学習を深めていった。

（2）【学年後半の段階】での「作品の心」交流学習
　　　―『ごんぎつね（10／10時間目）』―

《本時のねらい》…これまでの学習をもとに，ごんぎつねの『作品の心』を自分なりに表現し交流する。

《授業の流れ》
①クライマックス場面の音読。
②次の二点を手がかりにノートに自分なりの作品の心を書く。
　ア．書きづらい子は『□□□の○○○』といった『型』で書いてみる。
　イ．その後，アと書いた理由や，その理由が最も伝わってくる文を１〜２文程度，本文から視写する。
③アが書けた子から教師に個別に持ってきて，花丸をもらったら自分の作品の心を板書する。
④その後，席にもどってイを書く。

⑤黒板に出そろった作品の心を見比べ，もう少し説明してもらいたかったり，理由を聞いてみたかったりするものに質問する。自分の「心」が質問された子がその理由（イで準備したもの）などを発表しお互いの読みを交流する。
⑥最後に，自分が良いなぁと思う「心」を全員（一人三票までの制限）で投票する。ベスト３になった子は大喜びであった。（学級通信には全員の作品の心を掲載する。）

《ごんぎつね作品の心の学習例》
○『三日間のつぐないの思い』…いたずらを後かいして，つぐないをはじめた行動の変化や，兵十と親しくなりたいというごんの思いが心に残った。
○『伝えられなかった気持ち』…ごんは兵十と親しくなりたいし，同じ一人

ぼっちで親しみを感じているから，いつまでもつぐないを続けたと思う。でも，その気持ちを伝えられなかった。

○『すれちがいの悲しさ』…兵十は，ごんの思いに気づかずに，ごんをうってしまった。気持ちがすれちがっているから，そこが，かわいそうでした。

○『二人のきずな』…「ごんお前だったのか～くれたのは。」のところで，二人のきずながつながった。

《本時の振り返り作文から》

作品の心の勉強

ぼくは「なかよくなれなかった悲しさ」と書きました。わけは，ごんは，たぶん兵十と仲良くなりたかったけど，さいごまでそうなれなかったからです。

みんなで黒板に書くと，拓海くんの心が，ぼくのと書き方も，意味もほとんどいっしょだったので，びっくりしました。ぼくは久川くんの「伝わらない悲しさ」もいいと思いました。

ごんぎつねは，とても悲しいお話でした。

作品の心

国語の時間「作品の心」を勉強しました。同じ意味のと反対のとがありました。ぼくのと留佳ちゃんのが反対でした。

ぼくは「伝わらないごんの思い」で，留佳ちゃんは「伝わったごんの思い」でした。それを知彰くんが，まとめているように「伝わったけど，死んでしまった悲しさ」と書いていました。ぼくのも留佳ちゃんのもいいなあ，と思いました。

あとは，元哉くんの「一人ぼっちのごんと兵十」と成美ちゃんの「わかり合えた気持ち」がいいと思いました。

「作品の心」実践化のポイントと課題

　自力読みはくり返す中で徐々に読みの力を育むものである。クラスの実態によっては，【はじめの段階】の実践でも自力だけでは表現できない子もいる。そんな場合は「ペアで考えさせる」「教師が指導した過去の教え子の表現した例を提示する」「教師といっしょに考える」等のていねいな支援が必要であろう。どの子にも表現できたという成就感を味わわせたい。

　また，これまでの実践経験から高学年にならないと「抽象的な語彙」で表現するのは難しいと感じている。中学年では「本文の言葉」や授業中で共有した「重要なキーワード」を用いて表現された作品の心が多くなるようだ。「どんな表現をしたか」よりも「どんな思いをもったか」の交流に重きを置きたい。

物語の自力読み

物語を読み直す原動力となる
「核となる問い」の生み出し

大分県・日田市立大山小学校　山口　健

1 「物語の自力読み」の魅力

(1)「物語の自力読み」との出会い

　子どもの頃から国語が大の苦手だった私は，自分が教える立場になっても国語への苦手意識を拭いきれずに苦労した。一つの単元を終え新しい学習材に出合っても，子どもたちの目はどんよりとしていた。それは，学習材が変わっても，先生だけが知っている「答え」を教わることに変わりはないことを，子どもたちは知っていたからだろう。そんな教室状況を変えるきっかけとなったのが，先輩教師に誘われて参加した二瓶弘行氏による物語の授業づくりセミナーだった。

　二瓶氏の国語教室では，物語の場面分けでも，ただなんとなく分けるのではなく，子どもたちに「時・場・人物」という視点を与えるのだという。セミナー参加者の私も「かさこじぞう」でやってみる。そして，登場する「人物」，あらすじ，基本構成の検討へと続く。からまった糸がほどけるように頭の中が整理されていく。二瓶氏は，それまで私が抱いていた国語の授業イメージを見事に打ち砕いてくれた。難しかった学習指導要領も「物語の自力読みの観点」を手元に置いて読むと，「なるほど」と思うようになった。

　二瓶氏に倣い，私の国語教室でも必要であれば6年生であっても，「かさこじぞう」を学習材として「自力読みの力」として必須の観点である「場面・人物・あらすじ・基本構成」を学び，「三つの大きな問い」をもとに物語の「作品の心」を自分の言葉で受け取る練習単元を組む。すると，本単元に入っても，「晴れ晴れと」まではいかなくても，ちょっと読んでみようかなという目で，教科書を開いている子どもたちを見ることができる。

（2）実践の構想

　物語「ばらの谷」（東京書籍6上）を学習材として，「3つの大きな問い」を
もとに物語の「作品の心」（その物語が読者である自分に最も強く語りかけて
くること）を自分の言葉でまとめる単元を構想した。

　この物語は，ばら作りの名人ドラガンが理想のばらを追い求めた末，自生し
たばらがもつ人間の力では超えることのできない美しさに気付く作品である。
物語の「典型」的な構成をしており，「前ばなし場面―出来事の展開場面―ク
ライマックス場面―後ばなし場面」の4場面からなる。

　前ばなし場面と後ばなし場面を比較し，クライマックス場面に目を向ければ，
子どもたちは初読後でも下のような「答え」を容易にまとめるであろう。

物語の「三つの大きな問い」と予想される初読後の「答え」

① 　最も大きく変わったことは，何か。

　　→村に昔から咲くあわいピンクのばらに対するドラガンの見方。

② 　それは，どのように変わったか。

　　→うんざりしていたピンクのばらを美しいと思うようになった。

③ 　それは，どうして変わったか。

　　→青いばらの中に咲く，小さなピンクのばらを見たから。

　本実践では，このような初読で得られる読みで安定せずに，物語を詳しく読
み直していこうとする意欲を子どもたちにもたせたいと考えた。

　そのための手立てとして，「核となる問い」を設定した。二瓶氏によると，
それは，「必然的に生まれ，仲間たちと共有される問い」だと説明されている。
自分なりに解釈すれば，「核となる問い」は，自分と仲間との読みにずれが生
じたときに生まれるのではないかと考えた。しかも，その問いは教師から発し
たものではなく，自分たちで生み出したものであれば，なおさらよいのではな
いだろうか。主体的に仲間と対話しながら，物語を詳しく読み直していこうと
する子どもたちの姿を思い描き，授業に入った。

106　物語の自力読み

2 実践紹介

（1）「核となる問い」の生み出し

　単元の導入では，自作の紙芝居を用いて物語を読み聞かせた。ドラガンが失意のあまり眠り続けてしまったところまで読み，その後の展開を予想させた。

　子どもたちからは，「そのまま帰らぬ人となった」「今度はレインボーのばらを作った」などと，さまざまな反応が返ってきた。この活動をすることで，物語の結末の意外さを印象付けて驚きを共有する教室状況を生み，結局もとのあわいピンクのばらにもどった理由を探りたくなる状況をつくった。

　紙芝居を結末まで読み終えると，子どもたちからは「えーっ」という反応に続き，「無駄じゃん！」という声が上がった。美しいばらを求めて試行錯誤したが，結局は元のばらに戻ったではないかという，素直な反応である。

　そのつぶやきを拾い，子どもたちに問い返すと，「ドラガンは無駄だと思っていないはずだ」という意見とほぼ半数ずつに分かれた。初読の段階で子どもたちが目を向けたのは，「これまで，わたしは，いったい何をしてきたのだろう……。」という叙述である。「ほうっとため息」をついたあとのドラガンのこのつぶやきは，どちらにも受け取られるため，子どもたちは自分の読みの妥当性を証明するために，物語を読み直し始めた。このような教室状況になったことで，「核となる問い（必然的に生まれ，仲間たちと共有される問い）」が生まれたと見取った。

> **核となる問い**
> 　ドラガンは白，黄色，青のばらを作ったことを無駄だと思っているのか。

（2）全体対話

　「核となる問い」に対する自分の読みを，根拠となる叙述とその解釈を記しながら対話メモをノートに作成し，全体対話に入った。

　「無駄だと思っている」と促えた約半数の子どもたちには，会話文や行動描写から探した「ああ，ほんとうにもう，うんざりだ」「ため息をつきました」

などの自信をもてる根拠があった。ゆえに，反対の立場の子どもたちがそれらの叙述について違った解釈をしても，考えは揺るがなかった。

そこで，反対の立場の子どもたちは，自分が知っているはずのピンクのばらを，ドラガンは「あきることなく見た」という叙述に目を向け，それまでのばらとの違いを考え始めた。そして，「朝つゆを受けてまばゆいほどに光っています」という情景描写から，「作品の心」に迫っていった。

授業後，「無駄だと思っている」と捉えていた子どものノートには，下のようなメモが記されていた。

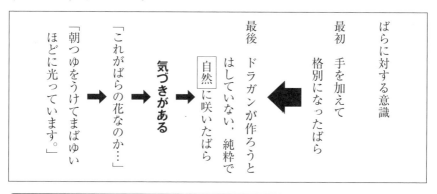

「物語の自力読み」実践化のポイントと課題

本実践では，仲間との大きな読みの違いに気付かせ，物語を読み直す原動力となる「核となる問い」を生み出すことを試みた。それにより，自分の読みの妥当性を証明するために主体的に物語を読み直す子どもの姿が見られた。

読みの根拠となる叙述として，子どもたちがまず目を向けたのは会話文や行動描写であった。情景描写にも人物の心情が表れていることは中学年から学んでいるはずであるが，そこに目を向けるのには時間がかかった。複数の物語を通して，「三つの大きな問い」とともに，二瓶メソッドの一つである「物語の自力読みの観点」も子どもたちに身に付けさせていくことが課題である。

参考文献　二瓶弘行『二瓶弘行国語教室からの提案　物語の「自力読み」の力を獲得させよ』東洋館出版社，2013

作品の星座

自らの「作品の星座」を探す

京都府・立命館小学校　宍戸寛昌

1 「作品の星座」の魅力

（1）「作品の星座」との出合い

　もしかすると若手教師の中には「作品の星座」を初めて耳にする方もいるのだろうか。「"夢"の国語授業創造記」（2006東洋館）には次のように書かれている。「そこに書かれている言葉と言葉につながりを見つけようとして読むとき，そこに物語の世界がはっきりと浮かび上がってくる。『作品の星座』が見えてくる」。「作品の星座」は，読解のツールとして一般的に使われていた心情曲線とは一線を画し，子ども自身が文学作品を解釈していく言語活動そのものであった。同時期に刊行された「バタフライ・マップ法」（藤森裕治著・2007東洋館）に書かれた「美しいものは，美しい論理で構成されている」の言葉の通り，二瓶学級の子どもたちが生み出す星座には，その子だけの美しい作品宇宙が描かれていた。教師の解釈を種明かしするような読解の授業に辟易していたわたしはこの手法に目を見張り，何とか「作品の星座」を超える言語活動を確立しようとやっきになっていたものである。しかし，進化し続ける二瓶メソッドからは，近年この言葉が前面に出てくることは少ない。ここでは「作品の星座」を別の形で実践・検討することで，その価値を再確認していきたい。

（2）実践の構想

　「作品の星座（客観編）」のもつ，場面ごとに移り変わる人物の心情を可視化できる良さを生かし「読みのフレームワーク（以下FW）」として再構築する。

①オンリーワンの問いを基に，クライマックスに至る二者の心情をFWにまとめ，共通点から見える『ごんぎつね』の面白さについて話し合う…実践1

③互いのFWの違いから見える読みのずれを基に，作品を読み深める話し合い

をする。…実践2
④他の作品で作ったFWと比較しながら作品の特徴を読み深める。…実践3

2 実践紹介

実践1 「FWから見える『ごんぎつね』の面白さとは何だろう？」

　「クライマックス場面でごんと兵十の心が通じ合うことができたのはなぜだろう」というオンリーワンの問いを基に全場面を読んだ後，各場面の二者の心情の変化をFWにまとめさせた。中央の軸に近付くにつれ，二者の心が通じ合っていくことが分かる形式になっている。

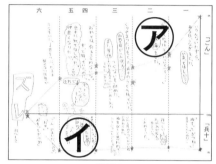

FW 1

T　　ごんと兵十の心情の変化を簡単に説明してくれる？
C1　はい。ごんはいたずらをしたことの後悔から償いを始めて，（アを指差しながら）少しずつ兵十に気持ちが近づいていきます。
C2　でも兵十は（イを指差しながら）最後の最後までごんのことを「ぬすっとぎつねめ」と呼んでいたよね。
C1　そうそう。2人の気持ちが変わっていく速さがずれていて，通じ合うタイミングが悪かったから，こんな悲しい終わり方になったんだよ。
C2　心が通じ合えたのはよかったけれど，ごんは死ななければならないし，兵十は後悔し続けることになる。こういう"ずれ"があるから悲しいんだけど，それが感動につながるんだよね。

　二者の心情の変化や，火縄銃で撃たれるタイミングの妙といった，さまざまな"ずれ"が作品の面白さに生かされていることを確かめることができた。

実践2 「友だちのFWと"ずれ"る部分には何がかくれているのかな？」

A児とB児，2人のFWを並べて提示し，五場面と六場面におけるごんの心情に焦点を当てて読んでいく。

A児　ごんは月夜の晩に「わりに合わないな」と言っていて，神様が栗や松茸を持ってきたと考えている兵十に対して不満をもっていました。

B児　ちょっと待って。でも，次の日もごんは同じように栗を持ってきたよね。だから兵十の話を聞いても気持ちは変わらなかったんじゃないの？

A児　「引き合わないや」と言っているから，ごんはもう行くのを止めようと一度は思ったんじゃないかな。それでも行きたい気持ちの方が強くて，結局行っちゃったんだと思う。書いていないけれど。

B児　ああ，ちょっと迷ったけど兵十を好きな気持ちの方が強かったということなのね。それなら分かる気もするなあ。

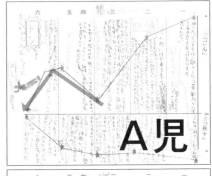
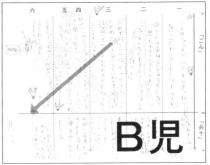

全体での話し合いを中心とした読解では，一人ひとりの読みの違いになかなか気付くことができない。それぞれが読み取ったことをFWの形で可視化することで初めて比較する思考が生まれ，さらなる読みの深まりが生まれた。

自らの「作品の星座」を探す 111

実践3「他作品のFWとの比較から見える『ごんぎつね』の面白さとは?」

『ごんぎつね』で使われていた"ずれ"は，他の作品にも活かされているかを確かめるため，次の時間は新美南吉の『巨男の話』を読んだ。巨男は白鳥になった王女を元の姿に戻すため，自らの命を犠牲にするのだが，王女が望んでいたのは，白鳥のまま巨男と一緒にいることだった。それが分かるのは巨男が死んだ後であったという悲劇性が『ごんぎつね』に類似しており，子どもたちも共通点を探しながら面白く読み進めることができた。しかし読後の感想を聞くと「『ごんぎつね』に比べると，何となく感動が薄いんだよね」「ただの恋愛ドラマみたい」といった声が多く出てきた。そこで同形式のFWにまとめ，『ごんぎつね』と比較させてみると，次のような特徴に気付くことができた。①巨男は最初から優しい人物として描かれており，ごんや兵十のような心情の変容が少ない。②巨男が死ぬことで初めて王女の心情が分かるため，二者の心が通じ合う描写が無い。FWの形で作品の特徴を可視化することで意見の裏打ちができ，あらためて『ごんぎつね』の面白さを確認することにつながっていった。

「作品の星座」実践化のポイントと課題

今回の実践では「作品の星座」を単元終末の表現活動としてではなく，読解を深める過程でツールとして使うことができないかを探ってみた。その中で，読解を深めるとは作品の面白さを子ども自身が「作品の心」として説明できることであり，「作品の星座（今回はFW）」のような手法はそれを踏まえた上で活用すべきであることが確認できた。明日の授業に即役立つ，安易な技法の模倣に対する二瓶先生の危惧が「作品の星座」が前面に出なくなった本当の理由であろう。すべての国語教室で「自力読み」の実践をするためには，理論はシンプルであればあるほど良い。だからこそ，そのための手法である「作品の星座」的なツールは，それぞれの教師が自分の創意工夫で作り上げていく必要があるのだと声を大にして言いたい。

対話

ペア対話で「目で語り合う」子どもたちを目指して

宮崎県・都城市立五十市小学校　**比江嶋哲**

1 「目で語り合う」子どもたちを目指して

(1) 「目で語り合う」子どもたちとの出会い

　二瓶先生の「海のいのち」の授業，子どもたちは，自分の読みを精一杯目に力をこめて，語り続ける。その言葉1つ1つを聞き落とさないように，教師も，周りの子どもたちも精一杯目を向け，うなずき，感心しながら聞いていく。

　先生は言う。「目で見て聞いているだけではだめだ。目を向けているだけでは聞いているとは言えない。『聞いているよ』と態度で示さなければならない」と。

　「対話活動」は「話題把握」「心内対話」「ペア対話」「全体対話」「個のまとめ」という流れで進めていくのだが，特に「ペア対話」が大切であると考える。ペア対話には3つの条件がある。「短く区切って，交互に話す。」「聞いているを態度を相手に分かるように示す。」「沈黙の時間をつくらない。」である。

「ペア対話」3つの条件

短く区切って交互に話す
聞いている態度を相手に分かるように示す
沈黙の時間をつくらない

(2) 実践の構想

　本学級では，相手の顔を見て話が聞けない子どもが多い。目で語り合おうと言っても，形だけになってしまう。

　そこで，「ペア対話」の3つの条件を，楽しく身に付けることができるよう，短い文を聞いて，互いにうなずくところから，順にレベルを上げて，目で聞き合える集団をつくっていこうとした。

2 実践紹介

(1) 短く区切って交互に話す練習ができる工夫

ア 「5○スピーチ」の工夫

5○（ごーまる）スピーチの「○」は，句点のことである。話し手が，5つの文で順序よく話し，聞き手は「。」ごとにうなずいたり，相づちを打ったりしていく。

聞き手に伝わるように，短い文で順序よく話せるようになり，聞き手側の受容的，共感的態度も身に付けさせることができる。

【5○スピーチの流れ】

① 2人で1組になり，1人が話したいことを5つの文で話す。その際，1文ごと（「。」ごと）に少し間を開けながら話す。

② もう1人の聞く側が「。」ごとに指を折りながらうなずき，反応をしながら聞く。最後の5つ目では拍手をする。

③ みんなの前で発表し，全員で反応しながら聞く。

イ 型をつかっての練習

始めは，5つの文で言えるように次のような型をつかって練習させる。
また，相づちも「つぶやきあいうえお」の例を示し，文ごとに反応させる。

【5○スピーチの型】

・私は○○にしました。
・理由は2つあります。
・1つ目は○○だからです。
・2つ目は○○だからです。
・だから私は○○の方がいいです。

【つぶやきあいうえお】

（2）聞いている態度を相手に分かりやすく伝える工夫

ア 「目力」「うなずき」を入れて聞く

聞く人は話す人をしっかりと見て、うなずきながら「聞いているよ」と気持ちを伝えさせる。このような聞き方を「目力をこめて聞く」ということを教える。

【目力・うなずき】

また、「。」のときにうなずいて聞き、５つ目の「。」で笑顔で「合格」と言わせる。

イ 「カーネーション言葉」を入れて聞き手を反応させる

「カーネーション言葉」とは、「～じゃないですか。」「～ですよね。」「～でしょ。」の言葉の語尾「か・ね・しょ」の部分をとったものである。聞き手は

【カーネーション言葉】

「はい。」と反応していくので、これを使って、話し手の方から聞き手を育てていくことができる。

【話題例】　あなたは、おにぎり派かサンドイッチ派か？

※（　）の中は相手の相づち

○私はサンドイッチ派です。（あーいっしょ！）
○理由は２つあります。（なに？）
○一つ目は、冷めてもおいしいですよね。（はい。）
○二つ目は、いろんなものを挟んでいっぺんに食べれます。（おーなるほど。）
○だから、私はサンドイッチの方がいいと思います。（合格！）

（3）沈黙の時間を作らない工夫

ア　お互いの話が終わったら，3○で感想を言う

お互いの5○スピーチが終わったら，3つの文（3○）で感想を言わせるか，もう一度くり返し話させて沈黙の時間をなくした。

イ　相手の意見を受けて言う言葉を使う

全体対話で一人目が発表したら，その意見に自分たちの意見をつないでいく練習をさせた。その際，次のような論理的な言葉を示してつなげさせた。

【論理的なつなぎ言葉の例】
「～さんに関連で」「～さんに付け足しで」「～さんと違って」
「たしかに～だけど」「～さんの考えも分かるけど」
「～は～だから～だと思います」「たとえば」「つまり」「要するに」

（4）対話活動を振り返り，ポイントを再確認する。

最後に，5○スピーチの感想を話し合い，上手に話したり聞いたりするポイントを確認する。その後，他の話題で練習していった。

【話題例】
・友だちにするならスネ夫かジャイアンか
・猫が好きか，犬が好きか等

「目で語り合う」子どもたちを目指して実践化のポイントと課題

実践化のポイントは，聞き手を意識した話し方や，共感的な聞き方をスモールステップで教えて，楽しい課題で練習していくことである。課題としては，個人差の大きい児童への対応・配慮がまだ必要であると感じた。

対話

対話を通して自分の考えを広げたり 深めたりする力を育てる

広島県西部教育事務所　**中塩曜子**

1 「対話」の魅力

（1）「対話」との出会い

　初めて二瓶先生の講演をお聞きしたのは，今から10数年前である。対話についてのお話が強烈な印象となった。それまでの私が考えていた二人組で話し合うことといった単純なものではなかった。しっかりとした理論がある。まず，対話をする価値のある話題が必要であること。そして，心内対話，ペア対話，全体対話によって，子どもが自分の考えを深めていくこと。そのためには，学びに向かう学習集団を育てなくてはならない。

　授業の在り方や教材研究の方法を見直し，授業で取り入れていくにつれ，子どもたちの様子が変わっていった。対話によって，子どもたちは自分の考えをもち，友達と考えを交流し深める楽しさを実感しながら学びを深めていく。継続して二瓶先生から学び，価値ある対話を取り入れた実践を積み重ねてきた。

（2）実践の構想

　平成20年の学習指導要領国語の読むことには，自分の考えの形成及び交流に関する指導事項がある。対話によって効果的に指導できるのではないかと考えた。

　本実践で扱う「ヒロシマのうた」は，子どもたちが小学校で学ぶ最後の物語である。6年間の国語の授業で学んだことや既有の知識も生かしながら，広島の小学生として，「『ヒロシマのうた』論をまとめる」という言語活動を設定する。そして，対話の話題を工夫し，対話を行う前と後の考えを比較し，考えを広げたり深めたりし，子どもたちが学びの深まりを実感できるようにしたい。

2 実践紹介

（1）単元名　作者からの「うったえ」を「ヒロシマのうた」論にまとめよう

　　　　　　　「ヒロシマのうた」今西　祐行（出典：東京書籍）

（2）単元の目標

　○物語を読んで，設定した課題について対話することを通して，自分の考え
　　を広げたり深めたりすることができる。

（3）指導の流れ

第一次…学習の見通しをもつ。

　　　　　　○これまでの物語を読む学習を振り返り，この作品をどのように読み，
　　　　　　　自分の考えをどのようにまとめるか考え，学習の見通しをもつ。

　　　　　　○初発の感想を書き，交流しながら単元を通して解決したい学習課題
　　　　　　　を設定し，対話の話題とする。

第二次…構造と内容の把握の後，対話を行い，学習課題を解決する。

　　　　　　○物語の構造と内容を把握する。

　　　　　　○学習課題について，心内対話を行い，自分の考えをまとめる。

　　　　　　○ペアや全体での対話を通して交流し，考えを広げたり深めたりする。

　　　　　　○学習課題について自分の考えをまとめる。

第三次…学習をまとめる。

　　　　　　○作者からの「うったえ」をまとめ，「ヒロシマのうた」論を完成する。

（4）授業の実際

　単元を通して「ヒロシマのうた」論を書き上げる言語活動を設定した。そこ
には，作品の要約，設定した学習課題についてのまとめ，作者の訴えと自分の
考えを記述する。このため，心内対話で自分の考えをもち，ペアや全体での対
話を通して自分の考えを広げたり深めたりする学習活動を展開する。この過程
の中で，作品を読んで言葉に着目して問い直したりとらえ直したりしながら新
たな考えや根拠を増やし，自分の考えを確かなものにしていくことを目指す。

①　話題の設定

118　対話

　広島の小学生は，平和学習や広島平和公園の見学の体験等から戦争や原爆についての知識はある。初発の感想では，「戦争はむごい。原爆は多くの人々を苦しめる。」等，これまで身に付けた知識からのものも見られる。「1945年の8月6日の出来事で，登場人物3人は，その後もずっと苦しんでいる。」「3人にとっての戦争は，戦後も続いている。戦争が終わっていない。」等の感想を交流し，単元を通して解決したい学習課題「3人にとっての戦争は，いつ終わったのだろう。」を設定し，対話の話題とした。

② 　対話の様子

　話題を全員がしっかりと把握できたら，心内対話で自分の考えをもつ。文章を読みながら，叙述に着目しながら自分の考えを書きまとめるのである。

　その後，ペアや全体での対話を行う。登場人物の3人（『わたし』，ヒロ子，お母さん）にとっての戦争について対話したが，中には，自分と重ね，自分だったらどうなのか考えて対話している子どももいた。ある子どもの考えである。

（心内対話での自分の考え）

　「わたし」は戦争中は兵士だったけど，戦争が終わって兵士から勤め人になる決心をしたときに戦争が終わったと思う。だけど，ヒロ子やお母さんはちがう。ヒロ子は，本当のことを知って，二人のお母さんのことを受け入れたとき，終わった。お母さんは，ヒロ子が原子雲のかさをししゅうしたワイシャツを作ったと知った時だと思う。「何もかも安心できる」と言っているから，もう終わったと考えた。

（ペアや全体での対話の後の自分の考え）

　「わたし」の戦争は，窓からYシャツを受け取ったとき終わった。ヒロ子に本当のことを話せたし，ヒロ子が立派に育っていることを知り，安心できた。ヒロ子の戦争は，ワイシャツを作って渡した時，終わった。（中略）お母さんの戦争は，ミ子ちゃんのお母さんの話を聞いて，お母さんはヒロ子を自分の子と決意したときに終わった。「ミ子ちゃんのお母さんは本当にえらいお母さん」と書かれている。ここで，お母さんは，ミ子ちゃんのお母さんを尊敬し，ヒロ子を育てる決意をした。もし，自分がそういう立場だったら，戦争はずっと終わらない。自分の子は目の前で死んでいるという事実があるからだ。そういう苦しい状況に負けないこのお母さんを書き，作者は，戦争の悲しさの中でも人間は強さを失わないとうったえている。（後略）

この作品は，戦争中，戦後７年目，15年目という時の移り変わりによって文章が構成されている。このことから，「わたし」の戦争の終わりを考えていた子どもが，ペアや全体での対話で「ワイシャツの原子雲のししゅうに込めたヒロ子の思い」についての考えを聞き，考えが変わっている。中心となる話題についての考えを深めるため，ワイシャツに原子雲のししゅうをしたヒロ子の思いを対話することが必要であると考えた。このように，中心となる話題を深めるための話題を取り上げながら，作品の様々な叙述を関連付けながら読み，対話を行うという指導を展開した。

対話には，自分との対話，友達との対話だけでなく，単元を通して作品や作者との対話という側面がある。全体対話の後，作者との対話という一面から「戦争の悲しさの中でも人間は強さを失わない」と，作品のテーマに関わる考えをまとめていた。このように，学級全員がそれぞれ自分の考えをまとめ，それらを盛り込んで，一人一人が「ヒロシマのうた」論を書き上げた。

「対話」実践化のポイントと課題

対話は，なかなかスムーズには進まない。言葉が途切れたり，言っていることが始めと終わりで変わっていたりする。そういう過程も大切にしたい。友達の発言を補って聞くことも考えを広げたり深めたりするにはとても重要なのである。そうしながら，「〜って，……ってことかな。」「それは，〜とは違う考えだね。」等，子どもの中から方向付けたり深めたりする言葉が出てくるようになった。子どもの発言の内容だけでなく，対話を深まりのあるものにする発言にも着目しながら指導していくことが大切であると考えている。

一部のよく話せる子どもだけで対話が進むのではない。学級全員が主体となって対話できるようにしたい。本実践では多くの子どもが自分の考えを出し，全員が自分の考えをまとめたが，学級全員が主体となって対話したというにはもう少しである。深い教材研究に基づいた話題を設定することや友達のどんな考えもしっかりと聞き，受け入れることができる学習集団に高めていくことが重要であると考えている。

語り／物語の自力読み

子どもたちが自らの力で表現する「言葉の空間」の創造

鳥取県鳥取市立若葉台小学校　**小林洋之**

1 二瓶先生の国語授業づくりの魅力

（1）「語り」と「物語の自力読み」との出会い

　ここに数冊のファイルがある。背表紙には「二瓶先生国語授業づくり」と書かれている。その1冊目のファイル最初のポケットに保存されている「私達は『昔話の語り部』」単元全体構想図と1枚のB4の用紙に印刷された文章「かさこじぞう」。2007年2月に参加した筑波大学附属小学校の公開研究発表会当日，2部2年教室でいただいた2枚の資料である。

「語りたい人，どうぞ。」

　すうっと40人全員の手が挙がる。子どもたちの意欲の高さ，語りたいという気持ちに満ちた目，そして，その後展開される子どもたちの「対話」に感動した。二瓶学級の国語教室「かさこじぞう」での光景だった。

「どうすればこの二瓶学級のようなかかわりが子どもたちに生まれ，伝え合う学習空間が成立するのか…。」

（2）実践の構想

　前任校の鹿野小学校では，当時，「話すこと・聞くこと」を中心とした「伝え合う力」を高めるための指導方法を模索していた。一部の限られた子どもによる話し合いとなりがちな国語授業だったが，学級全員の子どもたちが自分の「読み」を話し，伝え合う場としてペア対話を取り入れた。このペア対話を通して，クラスの子ども全員に，実際に自分の「読み」を音声言語で表現し，仲間に伝え，聞いてもらえる体験を保証していった。その後の全体対話では，自分の席から，体の向きを変え，できるだけ多くの仲間と視線を合わせながら話す。対話の効果を上げるためには，聞き手の視線・反応が大切であり，その指

導に力を入れた。机の配置云々ではないことを確認し合った。「聞くこと」は決して受け身ではない。対話活動は，次第に学習意欲を喚起させ，さまざまな学習活動に転化され始めた。

しかし，話し合いが深まりに欠けているのはなぜだろうか。

○「自力読みの力」と「学び方」の育成

「かさこじぞう」の翌年，二瓶先生に来校していただくことができた。それからも毎年，二瓶先生においでいただき，国語授業のつくり方や教材研究の方法などの指導技術について，しっかりと研修できる機会に恵まれた。それまで曖昧なままだった子どもたちの「学び方」が明確になり，「自力読みの力」について1年から6年まで系統立てて育てるという見通しをもつことができた。観点を明確にしたことで，指導事項が精選され，学習材を効果的に活用できるようになった。

充実した対話の成立には，「一人ひとりの読み」が大前提となる。「自力読みの観点」は，子どもたちに以前にはなかった「読み」への意欲を与えた。それまでに学んだ「読み方」を想起し，自ら課題解決に取り組んでいこうとする姿が見られるようになってきた。

2 実践紹介

（1）「語り」がうんだ喜びと新たな自信

物語の授業づくりの核として，対話による「読み」の交流と山場場面の「語り」による作品世界の自己表現に取り組んでいった。

「聞いてください。お願いします。」

「はい！」

聞き手の子どもたちの返事で緊張感ある空間がうまれる。各学級の代表が集った，前任校での全校による「語り」発表会。一人ずつ自分の「読み」を込めて物語文や詩を語り始める。

「語り」に取り組み始めた頃の空気とは明らかに違う。聞き手の視線が違うのだ。そこには語り手と聞き手の交流がうまれている。「語り」ができること

は子どもたちにとって喜びであり，自分を表現する新たな自信となった。

　文学作品の学習において，作品の全体構造を把握することは，子どもたちが自分の作品世界を創造するために，最も基本となる学習事項の一つである。学習材をパソコンで打ち直す。どの学年も全文が打ち込まれた１枚のプリントをもとに学習を進める。作品の全体像を把握しやすくするためである。第２次に子どもたちはこの用紙に自分の「読み」を書き込んでいく。それまでに学んだ「読み方」を想起しながら，そして，新たな「読み方」を獲得しながら。

　「時」「場」「人物」を表す表現に着目して全体を「場面」に分け，場面構成を検討していく。「四つの基本場面」を確かめ，ここから，山場場面の「語り」による作品創造世界の自己表現活動も併せて進めていく。

　一人ひとりの「読み」を仲間と交流し，創造してきた「語り」を聞き合う機会を設定する。いつも教室の前に置いた「語り台」を舞台として。相手は，教室の仲間だけではない。多目的ホールで，プレイルームで，体育館で，他の学年の友達，家族を聞き手として「言葉の空間」を創り出していった。現任校では，高学年の子どもたちが舞台を低学年の教室に持ち運び，出前「語り」隊として，聞いてもらうこともあった。

　子どもたちの「語り」の姿をDVDに収め，毎年学年末や卒業式の日に家族と子どもたちに手渡した。

　対話による「読み」の交流と「語り」は相乗効果をもたらしながら，子どもたちの「言葉の力」となっていった。

（2）国語科単元の創造

　前述の第２学年「かさこじぞう」の学習において，単元「私達は『昔話の語り部』」の中で，子どもたちは「夢」の実現をめざし，作品を読み，仲間と考えを交流している。その全ての学習の必然性を子どもたちが意識している。そして，単元学習による課題追求を通して，子どもたちの学習理解が深められている。

○単元「呼びかけ劇で伝えよう物語『モチモチの木』」

　現任校5年目に私は3年生と時をともに過ごした。その年も文学作品の学びを重ね，山場場面の「語り」に取り組んでいった。

　秋に物語「モチモチの木」に出合った子どもたちは，自分たちの表現に躊躇しなくなっていた。自分たちの「語り」を呼びかけ劇として創り上げ，家族へ自分たちの表現を届けたい，という単元のゴールを設定した。

　子どもたちの自ら学ぼうとする意欲は，単元学習によって喚起されていく。自分の「読み」を対話によって仲間と交流し合った。場面ごとの豆太の行動や気持ちを叙述をもとに想像し，「語りの4観点」に応じて書き込み，「語り」の仕方を工夫する。友達の「語り」を聞き，その改善点をアドバイスし合った。「語り」の「間・速さ」「声量」に焦点を当て，豆太の行動と気持ちを読み深めていった。子どもたちは，自らの力で思考し，表現力を向上させていった。

　単元の最後の日，体育館いっぱいに集まった方々，そして，家族に向けて，自分たちが創造した作品世界を精一杯届けていった。

「語り」「物語の自力読み」の実践化のポイントと課題

　二瓶先生が提案される物語の授業像は明確だ。6年間の段階的な物語の「自力読み」の力の獲得は，子どもたちの学習意欲をかきたてながら「読み」のレベルを向上させる。国語科学習において，「読み」と「語り」の関連付けは，表現に向かって子どもたちを「自力読み」に集中させ，学習理解を深めさせる。「語り」は生きて働く学力である。

　また，国語科単元学習によって，子どもたちの「読み」と「語り」にさらなるダイナミズムを生み出す。二瓶先生の国語教室は，単元最終段階の「夢」の実現に向けて，学習が力強く生き生きと躍動している。その「夢」の実現は劇的でさえある。

　子どもたちは共有した目標の達成に向かって，作品に自力で立ち向かい，アドバイスし合い，励まし合って，自分と仲間の学びを最大限に深めていく，そんな「夢の国語教室」の実現でもある。

| 語り |

自分らしさを発揮できる子に

長野県佐久市立岩村田小学校　**小林康宏**

1 「語り」の魅力

（1）「語り」との出会い

　初めて二瓶先生の学級を訪れ，授業を参観させて頂いた日。

　二瓶先生は学級のすべての子ども達に，一言指示をした。

「長野から研修に来た先生に，『語り』を聞かせましょう。」

　40人の子どもたちは一斉に「語り」を始めた。ある子は宮沢賢治の「雨ニモマケズ」，ある子は金子みすゞの「私と小鳥とすずと」…。すべての子が「私の言葉を受け止めて欲しい」という思いを込めて，全身で語る。その姿に圧倒された。何より驚嘆したのは，子ども一人ひとりが自分を表現することに自信をもち，何の躊躇もないことだった。

　周りに合わせることも大切だが，将来，社会を創り，また，自分の可能性を逞しく切り拓いていける子どもを育てたい，そのためにどうしたらいいのか，こう思っていた自分にとって，「語り」がその答えだった。

（2）実践の構想

　どのように語るのかを検討し合うことで，「語り」を媒介にして読み取りは深まっていく。また，読み取ったことを「語り」に生かしていくことで，豊かな表現が磨かれていく。

　そこで，「読むこと」の学習過程に合わせ，「語り」を以下のように位置付け実践化を図った。

❶「語り」によって，確かに「精査・解釈」をする

❷「語り」によって，豊かな「自分の考えの形成」をする

❸「語り」によって，作品世界を「共有」する

自分らしさを発揮できる子に　125

2 実践紹介

（1）相手・目的意識をもち，モデルに憧れる

　子どもたちが学習活動に対して主体的に臨んでいくためには目的意識が必須である。更に，「語り」の場合は聞き手の存在を必要とする。例えば「自分の好きな詩をひとつ語れるようになって，今度行く高齢者福祉施設で発表しよう。そして，そこに通うおじいちゃん，おばあちゃんにいっぱい元気になってもらおう。」といったように投げかける。すると子どもたちは俄然張り切って学習に臨む。

　けれども，「語り」って何だかよく分からない，暗唱みたいなものだな，というレベルの捉えでは，その学級の「語り」はその学級の中で一番上手な子の域を超えることはまずない。相手の心をうつような「語り」を目指すには，自分たちが想定している範囲を超えるレベルの「語り」をモデルとして見ることが必要である。そのために効果的なのが二瓶先生の学級の子どもたちの「語り」を見ることである。学級で「語り」を取り入れた実践をするたびに，まず，二瓶先生の学級の「語り」のビデオを子どもと視聴した。視聴する子どもたちの姿には共通するものがあった。まず，テレビ画面に自分たちと同じような年代の子が登場する。子どもたちは親近感をもって，「この子だれ？」などとワイワイやっている。けれども「語り」が始まった瞬間，教室に静寂が訪れる。圧倒的な表現力を目の当たりにした子どもたちは，ビデオ再生が終わってもしばらく沈黙の状態が続く。けた外れの「語り」に初めから敗北感をもつ子もいるが，学級には必ず何人かその頂に臨もうとする子がいる。

　モデルが，学級でもっているイメージの殻を破るきっかけになる。

❶「語り」によって，確かに「精査・解釈」をする

　相手・目的意識をもち，なりたいイメージをもてたら作品の読み取りに入る。

　「語り」は，「視線」「表情」「速さ・間」「声量」の4つの観点に基づいて工夫をする。登場人物の心情や，場面の様子を思い浮かべ，そこに同化するために4つの観点に基づいて工夫をする。

「語り」によって，読み取りを深めていくときに重要なことは子どもになぜそのように語りたいのかという「理由付け」をさせることである。

例えば「大造じいさんとガン」で大造じいさんが作品の終末，残雪に「おうい，ガンの英雄よ。…」と呼び掛ける場面。「おうい，ガンの英雄よ。…」の声の大きさはどうかと子どもたちに問う。「大きい声で語る」と答えた子に，どこから，なぜそう思うのか。問い返す。「『一直線に空へ飛び上がりました』と書いてあって，残雪はじいさんと離れていくから，大きい声で語りたい」という答えからは，その子が叙述を基にして場面の様子をしっかり思い描いていることが分かる。

❷「語り」によって，豊かな「自分の考えの形成」をする

読み取りの段階を終え，作品世界を確かに解釈できている状態になったら，自分の好きな場面を選んで，自分が表したい作品世界を語りによって表現していく活動に入る。ここで大切なことは，自分が作品をどう捉えるのかを基にして「語り」を創っていくことである。例えば「大造じいさんとガン」のクライマックス場面を語りたいという子になぜそこを語りたいのかを問う。「残雪の仲間を守る優しさを表したい」という子もいれば，「残雪のハヤブサに立ち向かっていく勇気を表したい」という子もいる。確かな解釈に基づいた上での作品に対するイメージはある程度の共通項をもちながらもその子なりの個性が現れる。そこが肝心であり，それを「語り」に表していく。

❶+❷　自由選択教材による語りをする

この後，❸の「語り」の交流によって，作品世界の共有の段階となる。「大造じいさんとガン」でいえば，それぞれが好きな場面の「語り」をし合い，互いの作品世界を一層広げていくという活動である。

その後，自分が行った実践では，「多読と『語り』」の活動につなげた。例えば「大造じいさんとガン」を共通教材として学習した後に，自分の好きな椋鳩十作品の「語り」を行うという展開である。これは，活用力を付けるという目的と，自分らしさをより発揮するという目的で行った。

❸「語り」によって，作品世界を「共有」する

　「語り」の醍醐味は，様々な場で様々な相手に対して好きな作品を語ることだと思う。そのことにより，聞いて頂ける快感に子どもたちが浸ると共に，子どもたちに自分らしさへの自信を育てていけるからであり，何より，生き生きと目を輝かせて語るその姿は美しい。これまでに行ったものから以下挙げる。

高齢者福祉施設に通う方への「語り」

　自分が好きな詩を覚え，交流先の高齢者福祉施設で，ペアになっている相手の方に向けて「語り」を行った。相手の方に元気になってもらうというテーマに合わせて選んだ詩を語る子どもの目を見て，笑顔で聞いてくださり，温かな感想を伝えてくださる高齢者の方から満足感と自信を得ることができた。

終業式・6年生を送る会での発表

　終業式での学年発表。好きな詩の「語り」を行った。ステージから降り，詩を聞かせたい相手のそばに行き「語り」を行う。そして感想を聞いた。6年生を送る会では一人ずつ「心に太陽をもて」の一連をまず語り，学年全体で感謝と激励を込めて二，三連の「語り」を行った。校内ではあるが，大きな舞台でドキドキしながらも主体的に自分の言葉を語り，聞いてもらえる体験ができた。

筑波大学附属小学校の子どもたちとの「語り」交流

　修学旅行で東京を訪れた際，二瓶学級の子どもたちと「語り」の交流を行った。私が引率したのは6年生。当時，二瓶先生の学級は1年生。連れて行った子どもたちは1年生の子に分かりやすいような詩を用意し語った。一方，二瓶先生の学級の子は1年生でありながら，一人でも「雨ニモマケズ」のような長い詩を堂々と語る。あまりの衝撃に帰りのバスでは皆無言だった…。

「語り」実践化のポイントと課題

　心を込めた「語り」を聞いてもらえることはこの上ない満足感である。同時に話す人を大切にする気持ちも育てることが必要である。配慮すべきは，子どもにより表現力や方法は違うということ。豊かな表現も良いけれども，拙く素朴な表現の内面や個性を理解し，大切にできる教師，学級集団でありたい。

語り

「語り」に向かうプロセスは，
快活に声が響く学級への道！

東京都江戸川区立船堀第二小学校　藤原隆博

1 「語り」の魅力

（1）「語り」との出会い

　二瓶先生が御実践の中で何度も提案されてきた「語り」。

　筑波大学付属小学校の講堂で，全国の先生方を前に，精一杯語る二瓶学級の子どもたちの姿を思い浮かべる方はとても多いことだろう。

　初めて二瓶学級の「語り」を目の当たりにしたとき，私は，全国の先生方と同様，「語り」をする子供の生き生きとした声の力や，凛とした表情に圧倒された。そして，「語り」をする子どもたちを見守る，二瓶先生の温かい眼差しに心を強く揺さぶられた。そこに，学級の理想的な姿を見たからだ。あれほどの「語り」ができるようになるまで，二瓶先生と子どもたちは，どれほどの壁を乗り越えて，雰囲気のよい学級を創り出して行くのだろう。

（2）実践の構想

　二学期のある時期，学級に，やや活気に欠けた子どもが何人かいることに気が付いた。朝の挨拶をするとき，「…おはようございます」。呼名をしたときに，「…はい」。まるで，元気がない。快活さが無い。どの子も快活に，お腹から声が響くようなクラスにしたい，と思った。その時に頭に浮かんだのは，二瓶学級の子どもたちの，生き生きとした「語り」だった。あんな風に，快活な声が安心して出せる雰囲気を学級に生み出したい。そのためには，まず，音読を一から学び直すことにしよう。そう思った。いきなり「語り」を目指すと，苦しくなる子供が出てしまう。教室で，クラスの仲間の前で，一人，大きな声を出すことの喜びや楽しさに気付かせたい。そうした学びの雰囲気の中で，音読をしている子の読み方が，いつか，「語り」になればいい。読解したことをもとに，

自分の読みを音読で表現する単元が構想できるのではないか。

　このような思いを抱き，私は，単元名「一人一分間の音読大会を開こう」学習材「モチモチの木」の実践を構想するに至った。

2 実践紹介

（1）単元の主な流れ（全10時間）

0次：斎藤隆介作品「三コ」，「花さき山」，「ソメコとオニ」等を学級に置く。

一次 学習を見通す	二次 学び方を学ぶ	三次 活用する
○「モチモチの木」を読む。 ○「一人一分間の音読」をやってみる。（動画を撮影） ○作品の設定を確認し，学習計画を立てる。	○場面の移り変わりや登場人物の性格等を，叙述を基に想像するすべを身に付ける。 ○読みの課題（重要課題）を話し合う。 ○一人一人の感じ方に違いのあることに気付く。	○読みの課題（核心課題）を話合い「じさまあ」の音読方法を工夫する。 ○「一人一分間の音読大会」を聞き合う。（動画を撮影） ○動画を見比べて学習全体を振り返る。
Ⅰ　通読（1～3時）	Ⅱ　場面読み（4～6時）	Ⅲ　全体読み（7～10時）

登場人物の行動や気持ちの変化を，場面の移り変わりと結び付けて捉え，考えたことを音読で表現する力を学習・日常の学校生活へと生かし，快活に声が響く学級へ導く。

図1「単元構成図」

「一人一分間の音読大会」について

　子どもが，自身の好きな範囲を設定し，これを一分間で音読する。なお，学習材「モチモチの木」の中で，豆太は4回「じさまあ」という声を出す。音読は，この会話文を含む範囲とすることを条件とした。

　一人一分間とすることにより，学級にいる全員が一単位時間の中で学習を完結することができる。そして，単元当初・終末の一人ひとりの音読を動画撮影しておき，これを子供が視聴する場を持つことで，自己成長や他者の成長に気付くことができるのではないか，と考えた。

(2) 音読から「語り」へ。教室に起きた変化

　子どもにとって学習が見通しをもてるものとなるよう，毎時間以下の流れで行った。

① 本時のめあてを設定
② 学習課題を提示し，学習範囲を音読
③ 学習課題を自力解決
④ 小集団で検討→全体対話
⑤ 学習範囲を音読練習
⑥ 振り返り

　単元開始当初の音読は，図2にあるように，子どもの目線は学習材にばかり向けられていた。「間違えずに，正確に読みたい。」「スラスラと素早く読みたい。」などの意識が先行していた。指導者として，これまでの指導を反省するばかりだった。音読を，自分自身が内容把握するための手段としてしか捉えさせていなかったのだ。

　登場人物の心情を叙述から想像し，これを基に聞き手に向けて音読する意識を子どもにもたせる所から学習指導が始まった。

　やはり，子供は，とても柔軟だった。

図2「単元開始当初の音読の様子」

　ある子ども（仮にA児と呼ぶ）が，その日の振り返りの記述に「○○さんが全部暗記しているのがすごいと思いました。」と書いた。私は，これをすぐさま，翌日の国語で　子どもたちに紹介をした。「○○さんが全部暗記しているんだって。これはね，「語り」と言って，音読よりも更にすごいことをしているんだよ。」

　目線が聞き手に向けられること，顔の表情で人物の気持ちを表現できること，語る速さを表現できること，声の大きさを工夫できることなど，二瓶先生が「"夢"の国語教室創造記」で書いていた「文学作品の「語り」，四つの観点」に立ち返りながら，児童の「語り」の価値や，それに気付いて振り返りを記述したA児を称えた。

　この日を境に，子どもの意識に明らかな変化が起こっていった。見る見るう

ちに、音読から、全てを暗記する「語り」へと進化する様子が見られた。振り返りの記述でも、「『語り』ができてよかった。」「今日は大体、暗記できた。」「明日は完全に暗記して音読したい。」などが見られるようになった。一人一人の振り返りに、私は「すごい！」「よく練習したね！」「家で練習したら、明日はもっと上手になるよ。」と励ました。

図３「音読大会の前日練習」

音読大会の前日は、**図３**のように、多くの子供が顔を上げ、学習材に目線を落とすことなく、快活な声を上げ始めたのである。

子供が音読から「語り」へ、自身の表現を進化させていくにつれて、学級の雰囲気にも変化が起こった。朝の挨拶、呼名の声が快活そのものなのだ。これは、本単元を通じて、子供が人前に立ち、快活な声を出せることに自信をもち始めたからだろう。担任はその姿を褒め称え、子供は朝から笑顔…この好循環に気付いた時、私は二瓶学級がなぜ、あれほど前向きな雰囲気で学習をするのか、が分かった気がした。

「語り」実践化のポイントと課題

課題としては、読解との時間配分が挙げられる。読解したことを基に、音読で表現する。これは、時間配分がとても難しい。指導者としては、読解も音読も、どちらもしっかり取り組ませたい、そう思うものだ。しかし、１時間の授業は45分間しかない。配分を常に考え、テンポ良く授業展開をすることでしか、この課題を解決する術はないだろう。私は、読解は前半の30分間で済ませ、音読の練習時間は後半の15分間を使うのがベストだと考える。

文学作品の「語り」

あの「語り」の輝きを
追い求めた日々

南山大学附属小学校 **山本真司**

1 文学作品の「語り」の魅力

（1）「語り」との出会い

「何だこの子どもたちは！」

二瓶学級を初めて参観し，衝撃を受けた。

子どもたち一人ひとりがそれぞれ参観者に正対し，取り憑かれたように目を
むき出しにして「何か」を伝えようとしている。見たことない光景。自分が知
っている世界で近いのは，テレビでやっていたアクターズスクールの練習風景
だろうか。それぐらい異様な空気を放っていた。

「何を教えるのかよく分からないから」と，国語科教育の門を叩きながらも，
もがいていた私にとって，目指すべき一筋の光のように思えた。

目の前に，「子どもの事実」が存在するのだから。これは本物だ。

（2）実践の構想

先に述べた活動は，「語り」という音声表現活動である。一言で言うなら，
相手意識をもった文学作品の暗誦である。

語り手は，作品世界を聞き手に伝えようと表現の仕方を精一杯に工夫して表
現する。文学作品の暗誦なのだから，スピーチと違って「何を話そうか」とい
う内容面でつまずく心配はない。誰もが素晴らしい内容を語ることができるの
だ。そして，「語り」で培った力は，その後，スピーチを含めたあらゆる音声
表現活動に好影響を及ぼす。

本稿では，二瓶学級の「語り」を追い求めて，試行錯誤を重ねたある一年の
実践を紹介したい。前任校での2年生を担任したときの歩みである。

2 実践紹介

（1）出会いの日　タンポポさんに囲まれて

　ある年の４月。始業式を終えて体育館から戻り，教室に入る。

　子どもたちの為に一篇の詩を黒板に書いた。坂本真民作「タンポポ魂」である。

　みんなで元気に音読する。そして暗唱する。

「実は，鉄棒の向こうにタンポポがいっぱい咲いているんだ。」

「行ってみた〜い！」

　と子どもたち。みんな走ってタンポポの咲いている場所に向かう。

「よ〜し，ここで，タンポポさんに『タンポポ魂』を聞いてもらおう！」

　子どもたちは，覚えたてのまだまだ拙い「タンポポ魂」を響かせた。

　記念すべき「タンポポっ子」たちによる「語り」の初舞台である。

（2）まずは，心の解放を　〜「ふきのとう」になりきって〜

　４月の国語では，「ふきのとう」（光村２年）を読む。

「風」が揺れる様子，「雪」が溶ける様子，「ふきのとう」が目を出す様子。

　動作化というよりも，体を目一杯に使って，伸び伸びと音読する子どもたち。

　言葉のもつイメージをしっかりと感じ取り，自分の「声」にそのイメージをのせていく。言葉を表現することの楽しさ，心を解放することの気持ちよさをたっぷりと味わわせることが，自己表現の出発点には大切だと思う。

（3）マイ詩の「語り」へ

　５月。一人ひとりが自分のお気に入りの詩を選んで語る活動を始めた。

　まずは，詩の「語り」とはどのように行うのか，イメージをもたせるために二瓶学級のDVDを見せる。なお，現在なら，「文学作品の『語り』で自分らしさを表現させよ」（東洋館出版社）に映像が収録されているでオススメである。

「すご〜い！」と１年生の子どもの語りのすごさに魅了される子どもたち。

　どんなところがすごいのかと問うと，次のような意見が出る。

「全部，覚えている。」

「どんなお話か伝わるところ。」

「顔がすごい。うれしいときには，うれしいって顔をしている。」

「言葉と言葉の間にたっぷりと時間をとっている」

　これらが「語り」をするときに目指す観点となる。

　次に，「いまを生きるあなたへ贈る詩50」（東洋館出版社）などを含めたあらゆる詩集，他学年の教科書などを子どもたちに貸し出して，語りたい詩を選ばせる。子どもは，なかなかいい詩を選んでくるものだ。

　そして，みんな張り切って学校や家で練習を始める。

　個人で練習する時間，ペアで互いに聞き合う時間などを取った後，語ってみたい子どもを募り，みんなの前で発表させる。高めていくポイントは2つ。

　1つは，仲間の「語り」を温かい気持ちで受け止め，賞賛する空気を創ることである。感動したらスタンディングオベーションである。慣れてきたころには，「よかったところ」と「アドバイス」を伝えることを語ってくれた仲間への礼儀として全員に求めていくことになる。

　もう1つは，思いっきり語れる子どもを広げていくことである。クラスの中には枠を超えて自分を表現することが得意な子どもが一人はいる。まずはその子を指名して，精一杯語った姿を大いに褒める。「すごいなあ。もっとできる子いる？」仲間の姿に感化され，よし負けないぞとチャレンジする子どもが出てくる。先頭集団を育てることで全体が育つ，二瓶先生からの教えである。

（4）「語り」への意欲を高める様々なステージ

　「語り」の力を高めていくには，「よしがんばろう」「やってよかったな」と思える発表の場が欠かせない。次のようなステージを設け，経験を重ねた。

　まずは，クラスの中で。日直による「語り」を朝の会に位置付ける。

　学級の「語り大会」。自分でライバルを決めた子どもが大いに伸びた。

　授業参観で。保護者の方の温かい拍手が，自信になる。

　感動を広げる「語り隊」として，他のクラスで発表する。特に高学年の子どもの反応は，保護者ほど温かくはない。それも大事な経験だ。

　実習性やお客さんがいらっしゃったとき，いつでもチャンス。

　国際交流で来校した韓国の小学生に。「伝わった気がしたよ」と子どもたち。

左は，幼稚園に出向いて，「語り」を聞いてもらったときの写真。お話が伝わるように「語る」ことを意識する。

3学期には，近くの小劇場を借りて，「語り隊ライブ」を行った。

教室では安心して伸び伸びと語れる子でも，大きな舞台だと自分を発揮しきれないこともある。「難しさ」を知ることも大事な経験なのだと思う。

(5) 「語り隊」その後

人前で萎縮していた子どもが，ステージで精一杯の声を響かせるようになる。「子どもたちの輝きに感動しました。」と感謝の手紙をいただく。「おじいちゃんに聞かせた」「『路上語りライブ』をやった」という話を聞く。

実践しているとさまざまなドラマがある。さらに，卒業生から「『語り』のおかげです。」と言われることも少なくない。中学校の生徒会会長は，3年連続で歴代「語り隊」のメンバーだった。その子たちの「語り」を思い出すと，それも納得できる。少なくとも何人かの子どもにとって，何年も生き続けている「語り」の威力に，私自身，今も驚かされている。

文学作品の「語り」実践化のポイントと課題

「どの子も精一杯表現する」というのは，簡単なことではない。「なんでこの子は力を発揮しようとしないのだろう」と，ネガティブな感情を抱きつつ指導に当たってしまうこともあった。華々しく活躍してきた子どもの裏で，困っていた子どももいたことだろう。二瓶学級のような「高み」を追い求めようするあまり，その子の思いに寄り添おうとすることができなかったのかもしれない。

「語り」に限った話ではないが，二瓶先生から学ぶべきことは，「子どもに対して前向きな期待感をもち，温かな空気の中で育むこと」であると，今改めて思う。

語り

自己表現を楽しめる
子どもの姿を目指して

兵庫・宝塚市立高司小学校　**石櫃孝啓**

1 「語り」の魅力

（1）「語り」との出会い

　ある年の6月，初めて筑波大学附属小学校の学習公開・研究発表会に参加した。二瓶先生の教室に駆け込み，教室横の一番前を陣取った。しばらくして，授業が始まる前の時間を使って，二瓶先生が子どもたちに，近くの先生のところに行き，一対一で「語り」をしてくるように指示された。重ねて，聞いた先生は感想を伝えるようにとも。「語り」の説明はあったものの，結局何が起こるのかよくわからないまま，自分は何をしたらいいのか戸惑うまま，一人の男の子と目が合った。その子は，私の前に立ち，「聞いてください。お願いします。」と言った。そこからは，どの詩を語ってくれたのか，どんな感想を伝えられたのかということは，記憶にない。ただ，当時，三十歳手前の私が，十歳にも満たない子どもが醸し出す雰囲気に，発する言葉に，何より，自分の思いを精一杯込めた目に，強く胸を打たれたことだけは，忘れられない。そして，心から思った。自分も，こんな目をする子どもに育ててみたいと。

（2）実践の構想

　学級には，普段は元気で明るいものの，授業中にはその様子が影をひそめる子どもがいる。大きな声で話すのは，音読や計算の答えなど，ある程度"正解"というものがあるときに偏る。人と違う考えを話してもいい安心感の共有とは別に，人前で自己を表現することへの躊躇いのようなものも感じていた。「大きな声で話しなさい。」と何十回言うよりも，「大きな声で話すことって，何だか気持ちがいいな。」と1回でも感じさせることができれば，変わることができるのではないか。願わくは「もっと話したい！」と思える子どもにしてあげたい。

2 実践紹介

（1）語る場の展開

　国語科の時間や，学級会，朝の会や帰りの会など，あらゆる時に「語り」を行ったが，いつも同じ聞き手であることで意欲の継続が難しくなるときもある。

◇体育館で語る

　本校では，月に1回，低・中・高学年を担当する教師ごとに分かれ，学年団での研修を行っている。その機会を利用して，低学年の音声表現の様子を交流するため，1・2年生によるミニ音読大会を実施した。1年生にも「語り」をしている2年生を見て，「語り」の魅力に触れて欲しかったし，「語り」をしてみたいという意欲に繋がればという思いがあったからだ。広い体育館の中で，自分1人の声を響かせることは，とても勇気がいる。でもそれを乗り越えた先に待つ達成感は，また1つ子どもを大きくしたように感じた。

◇校長先生に語る

　学校長が子どもたちの「語り」を校長室で聞きたいと言ってくださった。子どもたちにとって，校長室に入ることはおろか，校長先生と一対一になる経験はそうない。子どもたちは，「語り」を聞いてもらえる特別感に張り切った。校長は，語りの四観点とつなげて具体的に褒め，語った詩の題名と名前を校長室前に掲示してくださった。すると，更にやりがいを感じ，校長室前には行列ができるようになった。あるとき，学習理解や行動がとてもゆっくりな男の子が，校長室にまどみちおの『くまさん』を語りに行った。「"みずにうつったいいかおみて"のあとの間が長くて…」と，彼の間の絶妙さを校長が絶賛し，噂を聞いた他の先生方もクラスまで「語り」を見に来てくださったこともあった。「語り」は，その子らしさが自然と垣間見えるところがおもしろい。それを見つけて褒めることで，子どもたちに自分らしさに気付かせたり，自分らしさを表現する気持ちよさを体感させられたりするところに，大きな魅力がある。

(2) 語る作品の発展

名作・名詩と呼ばれる作品と出会い，語ることは，自分の感性を広げたり，自己を見つめ直したりする上でとても大切な活動であると思う。そこに加えて，自作の詩を語るということに取り組んでみた。

◇2年生　初めての自作の詩

2年生では，普段の「語り」でさまざまな詩に出会わせることに加えて，季節や行事に合わせた詩を毎月1編ずつ視写する活動を行ってきた。たくさんの詩に触れてきた3学期に「今日から詩人のなかま入り」という単元を組み，詩の技法について改めて学んだ上で，詩を創作する学習を行った。この自作の詩で「語り」を行った。詩の題材は自由なので，友だちや家族についての思いを詩に込めている子どももいれば，鉛筆に対して日頃の感謝の気持ちを詩にしている子どももいた。普段は，詩の中にいる話者になりきって，自分の思いを乗せて表現するが，この場合，話者は作者である子ども自身となることがほとんどである。それにより，いつもより更に表情豊かに，その子らしさを出して，語っている姿が見られた。

◇4年生　のはらうた

4年生では，工藤直子さんの『のはらうた』を読み，"のはらむらのみんな"になりきって，詩を創作する単元を組んだ。その際，詩を創作する前に，"のはらむらのみんな"になりきるために，話者となる動植物や自然そのものを擬人化したものに関してのプロフィールを考えた。「語り」の活動をしていた子どもたちにとって，詩の中に話者がいるという感覚はとても身近であり，語るときの表情や口調などをイメージしながら，プロフィール帳を作ることができた。創作したのはらうたは，プロフィールに書いた話者の性格や考え方が伝わるような表現を工夫し，話者になりきって語った。

「語り」実践化のポイントと課題

　どんなによい学びでも，それとの出会い方が，その後の学びに対する意欲に大きく関わってくると考える。よって，「語り」と子どもたちとの出会いは，特別なものにしていった。あるときは，東京にいるすごい先生として二瓶先生を紹介し，DVDでそのクラスの子どもたちの「語り」を見せたり，またあるときは，「語り」をしたことがある学年の子どもたちに，実際に目の前で語ってもらったりした。こうすることで，語っている子どもの「目」を見ることができる。その「目」を見ると，どんな子どもも，どんな大人も，「語り」の魅力に取り憑かれる。それほどの力を「語り」はもつ。

　実践する上では，まずは"聞き手を育てる"ことを大切にした。ちょっとくらい詰まっても待ってくれる。間違えても気にしないで聞いてくれる。そんな仲間だからこそ，しんとした教室に自分1人の声を響かせることが，恐怖ではなく安心や喜びとなる。「語り」は，支え合う仲間づくりをする上でも欠かせない。また，子どもが選んだ詩から，その子の思いを知ることもできた。あるとき，登校渋りを起こしていた子どもが，「語り」を始めたときに，最初に選んだMY詩が，二瓶弘行の『明日，また，きっと。』。この子は，やっぱり学校が大好きなのだと痛感させられた。そして，再確認ができたことで，この子が大好きな仲間たちと明日もまた学べるようになるため，躊躇わずに迫ることができた。

　課題は，子どもたちの意欲の継続である。そのため，「語り」の場をクラスの外にも開くことを心がけた。本校は，全校を挙げて「語り」に取り組んでいるわけではないが，学年間で「語り」を見合ったり，異学年交流の機会を設けて「語り」を行ったりしている。聞き手が変わることで，クラスの子どもたちの意欲の継続が期待できるだけでなく，他の子どもたちにも自己を表現する楽しさに触れる機会がもてる。「百聞は一見に如かず」の続きには，「百行は一効（果）に如かず」があるらしいが，低学年の内から，自分を表現することに慣れることで，高学年になったときに自分らしさと向き合ったり，仲間のその子らしさを見つけたりできる子どもたちに育っていってほしいと願う。

> 語り

表現することが楽しくてたまらない
子どもを育てるために

大分県・大分市立舞鶴小学校 指導教諭 **牧 英治郎**

1 「語り」の魅力

（1）「語り」との出会い

　千人の聴衆の前で，一人の子どもが，一編の詩を堂々と暗唱している。その子の凛とした声が，聴衆を引き付けている。彼の視線は，レーザービームのように，聴衆の一人ひとりに，自分の表現を届けるのだという思いとなって発せられている。聴衆は，彼の声と視線から逃れられない。

　彼の表情は，最後の一行で最も輝く。彼が，最後の一行を語る前に，十分な間を置いたことで，聴衆の語りへの集中は一層増していた。彼は，それまでの声量よりもやや大きめというよりも，さらに強い気持ちを上乗せして，最後の一行を語った。会場は，彼の世界観一色に染められている。語り終えた彼は，「聞いてくださって，ありがとうございます。」といい，お辞儀をする。日常に引き戻された聴衆が，盛大な拍手を彼に贈る。彼だけではなく，二瓶先生の学級のすべての子どもが，同じくらいのレベルまで「語り」ができるようになっている。そんな二瓶先生の指導に魅力と興味を抱いた瞬間であった。

　わずか10歳そこそこの年齢で，たった一人でステージに立ち，千人の聴衆を前に，堂々と声を発するという体験がある人は，大人でもあまりいないだろう。また，千人の聴衆から，盛大に拍手を浴びる体験。これが，達成感を増大させ，その子の大きな自信となったに違いない。

　なぜ，大人が，子どもの詩の暗唱にこれほどまでに惹き付けられるのか。聴衆が教員でないとしても，きっとこの「語り」には，惹き付けられてしまう。私は，驚くとともに，自分の学級の子どもたちもこんな「語り」のできる子どもたちに育てたいと夢を抱かずにはいられなかった。

（2）実践の構想

　まず思ったのは，二瓶先生の学級のような「語り」をさせようとしても，わが学級の子どもたちは，できないに違いないということだ。まずは，たった一人でも「表現することが楽しい，面白い，表現したくてたまらない」という子どもに育てることがなくては，絶対にできない。声を出すことを嫌がる子どもであっても「表現するって楽しいな」と感じさせたい。そのためには，「ちょっとがんばればできる」「少しがんばったら，変わったな」と実感できることが必要だと考えた。また，そのような実感をもちにくい子どもには「ここができるようになった」と，その場で価値付けてあげることも大切となる。

　私は，どの子どもたちも取り組めるよう，他の教科書に掲載されている詩を4編選んで提示し，少しずつ根気よく取り組んでいくことにした。

2 実践紹介

（1）声量の大きさに強弱をつける

　二瓶先生の学級で行われる「語り」には，「①視線・②表情・③速さ・④声量」という4つの観点がある。これを始めからすべて意識させて行うのは難しいと考え，4つの観点に，私なりの優先順位をつけて取り組んだ。

　まずは，「声量の大きさ」である。子どもたちは，ついつい「声量の大きさ」のみに着目してしまいがちである。私も，「もう少し大きな声で」という声量の大きさだけについて指示をすることが多かった。これでは，子どもの暗唱の技術は変わらない。指示されたことに反応して，声量が増すだけだからである。

　声を出しにくい子どもであっても「声量を大きくしたい」あるいは「声量が大きくできた」と意識させることが必要である。そこで，「暗唱する文章の，自分がもっとも伝えたい一行（あるいは一語）について，声量を大きくしたことが分かるように暗唱する」という条件をつけて取り組ませた。

　このことによって，子どもたちは，「文章に強弱をつける」ことを意識するようになる。「声量の大きさ」よりも「声量の変化」に着目するようになり，ただ「声が大きい・小さい」だけの評価をすることが少なくなった。同時に，

文章の中の伝えたい一文を取り出すことで，文章をすすんで繰り返し読んだり，言葉を何度も吟味したりするという効果も生まれた。

最終的には，「声量を大きくする一文の前に『間』をおくこと」がポイントになった。このことは，「速さ」についての指導と重なるので，後述する。

（2）視線が合ったらうなずく

次に，「必ず，暗唱中に全員とアイコンタクトするよう心がけること。」を条件づけた。これは，子どもたちにとっては，かなり難しい行動であった。必要以上に視線が泳ぐようになり，落ち着かなくなるのである。

そこで，「文章のまとまりごとに，視線を変える」ことを意識させた。このようにすると，子どもたちは，どこで文章を区切るのか考えるようになる。さらには，「間」を置くときに「視線」を何度か変えるというテクニックも使うようになってきた。

最終的には，聞き手側の態度がポイントとなった。暗唱する側の視線も大切だが，聞き手の視線が同じようにつながっているかが大切なのである。お互いがアイコンタクトしようとする意識があると，子どもたちは自然にうなずきあうようになっていった。そこで，「視線が合ったら，聞き手はうなずく」ことを条件に加えるようにした。

（3）「間」をつくることで，速さは変わる

声量と視線を意識させることが，子どもたちの中で自然と「間」をとることの意識を生み出していった。それには，「何を最も伝えたい一文にするか」を決めることが必要不可欠であることに気付かされた。技術を織り込むことを優先していた時には，見落としていた部分であったかもしれない。「最も伝えたい一文」を強調するために「声量と視線」を変える。このことがはっきりと意識できている子どもは，何のために「速さ」を変えるのかもすぐに意識できた。「最も伝えたい一文」を強調するために，必然的に「速さ」を変えていた。

最初は，「もっとも伝えたい一文」をゆっくりと暗唱するという方法が目立ったが，だんだんとそれは不自然な感じになってきた。そこで，子どもたちは，ゆっくりと暗唱するよりも，「間」の取り方に変化をつける方が伝わりやすい

ことに着目するようになった。強調したい一文に入る前に，十分な「間」をとり，その一文にもまた，いくつかの「間」をとるのである。結果，強調したい一文を暗唱する速さはゆっくりとなる。「一文をゆっくりした速さで暗唱できたか」と振り返るよりも「一文の中に，何回『間』をとったか」のほうが，具体的に振り返りやすいのである。

（4）表情は，「目力」に絞る

二瓶先生がよく「目力」とおっしゃるが，まさに「目は口ほどにものを言う」である。私は，表情の指導がいちばん難しいと考え，最後に取り組ませたが，自然と「強調したい一文」を暗唱する時の子どもたちの視線は，強力な視線に変わっていた。私は，「あなたの伝えたい一文が目力とともに伝わってきたよ」と価値付けるだけでよかったし，それだけで十分であると考えた。他の表情が作れる子どもには，そのことを評価したが，全員には要求しなかった。

表情が豊かな子どもは，笑ってといえば，すぐに笑顔が作れるし，そのような子どもの方が多いかもしれない。しかし，暗唱の途中で表情をつくるのは，意外に難しいし，評価もできにくいと感じた。また暗唱する文章の中に「喜怒哀楽」の変化がある文章もあまりない。「強調したい一文に目力を加える」は，どの子どもにも取り組みやすい表情であったと思う。

「語り」の実践化のポイントと課題

実践化における私のポイントは，「強調して伝えたい一文」が取り出せるかどうかであった。そして，「この一文を伝えるため」に「声量・視線・間・目力」を駆使して「語り合う」集団に高めたいという教師の願いがもっとも重要だろう。さらに，伝える側だけでなく，よりよい聞き手を育てることも大切にしなければ，全員が「語りたい」と思うようにはならない。一人でも多くの子どもがよりよい表現者となっていくよう，一人ひとりの子どもに寄り添い，子どもの心に火をつけていく教師の情熱が必要なのだ。私が，二瓶先生の「語り」から学んだのは，子どもに注ぐ愛情の深さとあきらめない気持ちだと思う。

> ## 変容から読む物語の授業づくり
>
> # 納得解に向けて，仲間とともに考えることを楽しむ授業を
>
> 大阪府・池田市教育委員会　河合啓志

1 なぜ物語を読むのか

（1）物語を読むことの楽しさとの出会い

　数年前，二瓶先生と共に学ぶ「夢塾」の合宿に参加した。テーマは，夜通し「ごんぎつね」「大造じいさんとガン」「海のいのち」の教材研究をすること。全国から10人を超える若手教師が集まり，それぞれの全力の教材研究をぶつけ合った。私の精一杯の読みを仲間の前で発表する。なかなか緊張するものだ。私の読みを聞いた仲間が反論する。自分がまだ読めていない言葉や言葉のつながりが明らかになってくる。二瓶先生は，数人の読みを聞き，比較しながらそれぞれの読みを価値付けしていく。とても楽しい時間だった。だんだんと自分の読みが深まっていくことを実感できる。その時は，私も，自分の読みを追求することに熱中するあの二瓶学級の一員だったのだ。

　私は，私が楽しかったこの経験を子どもたちと共に創り出したい，そう願って授業づくりに取り組んだ。

（2）実践の構想

　自分の読みを追求することに熱中するためには，読みの視点が明確でなければならない。まず「物語を読む目標」を子どもたちと共有した。

次の3つについて自分の納得解を見出すこと

　①何が変わったのか

　②どのように変わったのか

　③なぜ変わったのか

　上記の3つの納得解を得た時にはじめて「物語を読めた」と言えるのだ。

変容から読む物語の授業づくり　145

2 実践の実際　〜「海のいのち」の実践から〜

（１）場面分けを通して物語全体を読む

　物語全体を読むために場面分けを行なった。場面は「時・場所・人物」によって構成されており，場面の移り変わりによって物語は進む。時・場所・人物が大きく変わるとことろで場面分けを行い，下のように９つの場面に分けることができた。（それぞれの段落の文のはじめを記載）

設定	第１場面	父もその父も，その先ずっと顔も知らない父親たちが
展開	第２場面	中学生を卒業する年の夏，
	第３場面	弟子になって何年もたったある朝，
	第４場面	船にのらなくなった与吉じいさの家に，太一は海から帰ると
	第５場面	ある日，母はこんな風に言うのだった。
	第６場面	いつもの一本づりで二十ぴきのイサキをはやばやととった
	第７場面	太一が瀬にもぐり続けて，ほぼ一年が過ぎた。
山場	第８場面	追い求めるうちに，不意に夢は実現するものだ。
結末	第９場面	やがて太一は村のむすめとけっこんし，子どもを四人育てた。

　いくつに分けたかということよりも，場面分けを通して，物語全体の構成が明らかになることが重要であり，太一の成長を大まかに捉えることができた。

（２）物語全体をまとめる

　物語は主に中心人物の心の変容がえがかれている。設定場面と結末場面を比較することで，変容が明らかになる。場面分けを通して，物語全体を把握した後，設定場面と結末場面を詳しく読み，比較することで，「海の命」にえがかれている変容を明らかにした。本実践では，それらを図にまとめることにした。

　この段階で①何が変わったか　②どのように変わったか　③なぜ変わったかについて自分の考えをまとめさせた。

146 変容から読む物語の授業づくり

---

①**何が変わったか**　・太一の夢　　・太一の漁師レベル
　　　　　　　　　　・太一の漁師に対する思い　・太一のクエへの思い

②**どのように変わったか**

③**なぜ変わったか**　・クエに出会ったから

　この段階では，②どのように変わったかについて答えを見いだせていない子どもが多くいた。また，クエに出会ったことの太一の価値についてまではまだわからないという子どもが多くいた。そこで，これらの問いの納得解を見出すために，詳しく読むことにした。

（3）子どもたちに芽生えた問いを明らかにするために展開・山場を読む

　展開場面では，「太一が成長したところを見つけよう」という発問で学習を進めた。与吉じいさに釣り糸を握らせてもらえない太一が一人で漁に出るようになっている。与吉じいさの教えを忠実に守り，一本釣り漁師としての成長がえがかれている。しかし，与吉じいさは，太一に「自分では気づかないだろうが，お前は村一番の漁師だよ。」と語る。太一の成長を読み取ることで太一の成長していないところ，つまり「自分では気づいていないこと」が明らかになってくる。そして山場の読みへ。主発問は「太一はなぜクエを殺さないのか」。子どもたちは，物語全体の言葉をつなげながら太一の心情を想像した。ある子は，太一の見たクエの姿から，またある子は結末場面の太一の姿から，クエを殺さなかった理由を想像した。

【子どもたちの解釈（抜粋）】

・これまでずっと光る緑色の目をしたクエを想像していたけれど，実際に見たら青い宝石の目をしていた。想像していたクエよりも美しく雄大で，その姿に命を感じ，殺すことができなかった。

・クエの姿を見て，そこに命を感じた。自分の夢のために，殺さなくてもいい命を殺してはいけないということがわかった。与吉じいさの「千びきに一ぴきでいいんだ」ということが本当の意味でわかった。

変容から読む物語の授業づくり　147

・瀬という場所で大きく雄大に育つクエを見て，命のつながりを感じた。
　そして自分も，父やその父や，その先ずっと顔を知らない父親たちが
　いたからこそ自分があることを感じ，殺してはいけないと思った。
・これまで数限りなく魚を殺してきたが，この巨大なクエを見て，初め
　てその魚一つ一つに命があることを実感した。魚をとるということは
　命をいただいていることなのだとわかった。与吉じいさの教えの本当
　の意味がわかった気がした。

　子どもたち一人ひとりの解釈を交流した後，最後に太一の変容について問う
た。①何が変わったのか②どのように変わったのか③なぜ変わったのか　と。

①　太一　　②　父を超えることが夢　→　海を守り続けることが夢
③　美しく雄大なクエを見たから

①　太一の漁師という仕事への思い
②　父を倒したクエを取ることができる漁師
　　→　海に生かされていることを自覚した漁師
③　美しく雄大なクエを見て、命を実感したから

　子どもたちは変容という視点から物語の主題へと読みを深めていった。だん
だんと自分の解釈が更新されていくことを楽しんでいた。自分の精一杯の読み
があるから友達の精一杯の読みにも心から耳を傾ける。そして，それぞれの納
得解が作られていった。

「変容から読む物語の授業づくり」実践化のポイントと課題

　「①何が変わったのか②どのように変わったのか③なぜ変わったのか」この
３つの視点は全ての物語を読むときの視点になる。そして，常に納得解は更新
され続ける。それが物語を読むことの深まりであり，楽しみでもある。子ども
と共に一学習者として共に納得解を見出す授業を目指していきたい。

夢の国語教室

「夢の国語教室」を追って

島根県・松江市立大庭小学校　広山隆行

1 「夢の国語教室」の魅力

（1）「夢の国語教室」との出会い

　2003年冬の筑波大学附属小での学習公開。人だかりに吸い寄せられるように2部4年の教室に入った。『ごんぎつね』の授業。授業開始前1時間なのに参加者でぎゅうぎゅうの教室。子どもたちがすでに自分たちで「語り」の練習をしている。授業が始まっても中身がよくわからない。というのは子どもたち一人一人の発言（ごんや兵十の心情）のレベルの高さにこちらが追いつけない。そして，子どもたち全員が話したい，伝えたい，聞いてほしい，と思っている。加えて周りの子どもたちの聞く態度がすごい。目のチカラだ。ダメ押しは，授業のクライマックス。子どもたちは自分の読みを「語り」で表現する。みな自分らしく視線と間と表情で声を表現する。授業後，圧倒的な敗北感と「どうしたら，こんな子どもたちに育つんだろう。こんな学級になるんだろう。」という思いが湧きあがる。そして，何度もこの夢の国語教室に通うことになる。

　二瓶先生はその後，夢の国語教室として「そのクラスでは，誰もが読みたくてたまらない。誰もが書きたくてたまらない。誰もが話したくてたまらない。誰もが仲間の考えを受け取りたくてたまらない。そのクラスでは，言葉が活き活きと，静かに躍動している。」と話す。二瓶実践には，こうしたクラスの具体的な像があり，そこへ目指して日々の授業がある。この理想像を持つことこそ，「二瓶ワールド」と呼ばれる子どもたちの姿に育てていく第一歩に違いない。

　その後，クラス替え直後の学習公開を見た。そこでは，「夢の教室」に向けて授業中であっても学習規律の面から妥協なき指導をする姿と，一方，やさしく子どもたちの頭をなでながら今の姿を大切にする二瓶先生の姿があった。二

瓶先生からは国語の技術と共にその根本となる哲学を学ばねばいけない。

（2）実践の構想

　私自身はどんな姿を「夢の教室」としているだろうか。子どもたちのどんな具体像を描いて授業をしているだろうか。自らの理想像をはっきり描かずして「夢の教室」にはたどり着けない。そして，それをはっきり言葉で明示することで子どもたちへの指導が変わっていくに違いない。

　そこで，夢の国語授業に近づくため，次のことを意識して授業に臨んだ。

　① 自分なりの理想像を掲げる。
　② 授業に対しては自分なりの教材解釈をしてから臨む。
　③ 子どもの能動性を活用する。

2 実践紹介

（1）理想像を掲げる

　二瓶先生は，「夢の国語教室」の理想像として「6年生の3学期，3月に物語文を自力読みできる」ことを理想像として思い描いている。そして，それを子どもたちにもきちんと伝えた上で日々の授業に邁進されてきた。

　そこで，私も自分なりの理想像を学級だよりに示すことにした。

これは私の4月最初の学級だよりである。ここには3学期の3月の教室の姿が書かれている。このように宣言すれば，実践せざるを得ない。背水の陣である。そして，子どもたちにも話す。ちなみに，私の「夢の教室」は，教師がいなくても授業が進んでいく学級である。

（2）教材解釈

二瓶先生は「夢の国語教室」の子どもたちとの単元に入るときに，教師自身の読みを必ずもって授業に入っておられる。子どもたちに身に付けさせたい自力読みの力を教える前に，教師自身が自力読みの力を駆使して一読者としての「教材の解釈」をしている。そこで，私自身も必ず単元に入る前に，まずは純粋に一読者として，その教材文を読むことにした。そして，そこから受け止める何か（主題）をきちんと身に付けることにした。

具体的には，次の手順で教材開発を行った。

---

①一読者として普通に読む。そして受け取った素直な感想を書く。

②二瓶先生の自力読みの視点を駆使して読む。客観的・分析的な視点で読む。

③「変だな？おかしいな？よく分からないな？」と問題を作りながら読む。そこに自分なりの答えを書く。

④主題を考える。主観的な視点で読む。

⑤この作品で教えたいことは何か，を考える。

このように，教師自身が作品と対峙したうえで授業に臨むようにした。すると，この単元で何を教えるかが明確になり，1時間1時間の授業がつながりのあるものに変わっていった。そして，子どもの発言も余裕をもって受け止めることができ，子ども同士の意見をつなげたり，対立させたり，また，「どうして？」とつっこんで意見の理由を求めたりすることができるようになった。

もちろん，いつでも単元前に国語の教材解釈ができるわけではない。そこで，あらかじめ夏休み中に二学期に行う教材をまとめて読んでおいたり，所属するサークル仲間と一緒に教材解釈をしたりした。

（3）能動性の活用

　「夢の国語教室」は，学級の子どもみんなが「読みたい・書きたい・話したい・聞きたい」という子どもの姿である。これらは，教師の命令・指示を続けていては絶対になしえない。かといって，放任していても育たない。では，どうするか。

　教育とは「指導」である。しかし，教師主導型では，何事にも「やらされている」という感じになってしまう。「夢の国語教室」の子どもたちはみな，しなやかで自ら学ぶ意欲にあふれていた。

　そこで，最初こそ学習の構えができるまで教師主導で指導していくが，子どもの能動性が見え始めたその時期から少しずつ指導を引くことにした。

　例えば，授業以外で「学活でこんなことがしたいんだけど」という意見が出始めたとき。あるいは「先生，こんな勉強してきたよ。」と言い始めたとき。授業中，友達の意見に自然なつぶやきが生まれ，発言がつながったとき。こうした瞬間から，子どもに任せる活動を増やしていった。「漢字の練習，自分たちでできるかな？」「話し合いは先生が指名しなくても，大丈夫？自分たちで発表できる？」などと任せる部分を増やした。話し合いでは，沈黙が続いたとしてもすぐに教師が助言を入れるのではなく，心の中で15秒は待ち，発表しようとする猛者を待った。私が子どもを見守り，励まし，どんどん任せることで，子どもたちの能動性は高まっていった。

「夢の国語教室」実践化のポイントと課題

　「夢の国語教室」の実践化のポイントは，教師自身がどれだけ「夢の教室」を理想像として描けるかどうかである。教師の理想以上の学級にはならない。二瓶学級の参観は，私の理想像を一気に高めてくれた。

　今後の課題は，二瓶学級をもう二度と生で見ることができないということである。これからは二瓶先生から学んだ私たちが，若い先生たちの憧れとなるような，次の「夢の教室」を創っていけるかどうかにかかっている。そのためにも，二瓶先生を追い抜き追い越す覚悟で学び続ける。

子どもに向ける「目線」「目力」

「目線」と「目力」とで思いを支える／やる気を引き出す

新潟県・新潟市立万代長嶺小学校　井上幸信

1 二瓶弘行の「目」

（1）二瓶学級の日常

　十数年前のことである。運動会の振替休業日を利用して月曜日の二瓶学級を見せてもらいに筑波大学附属小学校を訪ねたことがあった。研究会ではない，全くの平日の二瓶学級である。筑波附小の講堂ステージであの素晴らしい授業や「語り」を見せてくれる子どもたちは，普段どの様に学んでいるのだろう……？　始発の新幹線の中で，興奮を抑えられなかったことを覚えている。

　当時，二瓶先生は2年生担任。「マイ詩」の「語り」の授業だった。

　「はい，語りたい人」二瓶先生が呼びかける。講堂で見る授業同様に，子どもたちは腕を，掌を，指先を，そして上半身をピン！　と伸ばし，精一杯の目力で二瓶先生に向き合う。「二瓶ちゃん，私に語らせて！！」思いが一人ひとりの全身から溢れて，教室を満たす。

　指名された子が教室の前に出て，小さな台に上がって，全身で「語り」を発表する。クラスメイトが，その「語り」のよさを認め，次を目指すための助言をする。2年生の精一杯の言葉が，教室を豊かな学びの場にしていく。二瓶先生は，優しい表情で子どもたちの表現を，交流を見守っている。教室の片隅でその様子を見て，何とも穏やかな授業だと思った。

　一人の「語り」が終わる。助言をもらう。次に「語り」をしたい子たちが一斉に挙手する。次の一人が指名される……そのときだ。指名されなかった一人の男の子が，遣る瀬無い思いを小さく言葉にした。「くそっ。」

　その瞬間，二瓶先生の「目」が変わった。「今の言葉はきたない言葉だ。そういう言葉を使うんじゃない。」決して大きな声でも，怒気を孕んだ声でもな

かった。しかし，その言葉と「目」が語る真剣さとが生み出した空気に，教室が一気に引き締まった。

　何人か後に，その言葉を口にした男の子が指名された。そのときは，他の子に比べて勢いのない挙手だった。台に上がった表情も，覇気のあるものではなかった。二瓶先生は，その子の目を真っ直ぐに見ていた。そして，目があった瞬間に小さく頷いた。その二瓶先生の「目」を見た後，彼は変わった。胸を張って，確かな声で，朗々と「語り」を始めたのだった。

　私が二瓶先生の「目」に注目するようになったのは，この参観からである。

（2）二瓶弘行の「目線」「目力」

　二瓶先生は，子どもに向けて「目」で語る。子どもの発言を「目」で聴く。授業中はもちろん，授業前後の時間の様子からも，話している子どもの「目」を見て聴こうという構えが見て取れる。それは，「目線」を追っていると分かる。授業中は，教科書や黒板に目を向ける一瞬以外は，その優しく真摯な眼差しは話し手へと向けられている。授業時間以外では，周囲の子どもたちにも目を配りつつ，話をする子どもへ，話の内容に応じた「目」が向けられている。

　二瓶先生は何かと「目」で語る。それは，我々研修の仲間であっても同様である。例えば，一緒に研修会を運営しているとき。二瓶先生は常に参会者の先生方に囲まれている。スタッフに言葉を掛けられ

る状況ではない。そんなとき，二瓶先生はこちらに「目線」を向けて来る。「目線」が合うと，小さく頷く。それだけのコミュニケーションである。それでも，元気が出る。二瓶先生の「目力」が込められた「目線」がこちらに向けられただけで，力になる。

　二瓶先生は，「目線」と「目力」とで語るのである。

2 「目」を意識して子どもと関わる

　ここまでで紹介したように，二瓶先生は「目」で子どもに（ときには大人にも）力を喚起する。やる気を引き出し，支え，前に出る勇気を与える。向けられた本人がはっきりと認識できる「目線」の向け方と，そのときどきに応じた「目力」とが，二瓶先生と自分との確かなつながりを意識させてくれるからだ。

　この「目」を自分のものにしたいと考え，子どもと関わる中で「目線」の向きと「目力」のあり方とを工夫するようにしている。取り組んでいることは，単純に上記の二瓶先生の「目線」「目力」を意識して子どもたちと向き合う，ただそれだけである。しかし，これがなかなか難しい。

（1）授業中の「目線」「目力」

　研究授業の際，同僚に授業の写真を撮ってもらう。撮影担当の同僚に「子どもと，私とが入るアングルの写真が何枚か欲しい」と伝え，意識して撮影してもらう。授業後に写真を確認すると，自分の「目線」「目力」を客観的に確認することができる。もう何回もこのお願いをして授業写真を撮ってもらっているが，そこに目指す「目線」「目力」で子どもと向き合う私の姿は写っていない。「目線」は子どもへと向いている。しかし，「目力」の掛け方が違う。そこには，発言を吟味するかのような強い「目」があるだけで，発言する子どもを支え，前に出る勇気を引き出すような，あたたかな「目力」は無い。授業をしているときの私には，まだまだ余裕が無いのだろう。

　ただ，自主学習で授業の振り返りを書いてきた子どもが「井上先生は，話し合いの中身に合わせて，ニコニコしたり，ビックリしたり，キリッとしたり，顔が変わります。一緒に考えたり見つけたりしているみたいです」と書いてくれたことがあった。現状では，「目」ではなく「顔全体」で子どもたちとつながることはできているのかもしれない。

（2）休み時間の「目線」「目力」

　もう一つ，私が大事にしていることに，休み時間に廊下ですれ違う子どもへの「目線」「目力」の向け方がある。今は，特に担当している放送委員会の子

どもたちへ向ける「目」を意識している。

その日の当番の子が，仕事のために放送室へ向かって歩いていく。そんな場面に出会うと，その子にできるだけあたたかで，でも真剣さが伝わるように「目力」を込めて「目線」を送る。目が合うと，私は小さく頷く。それだけだ。

今は，どの子も私の「目」を見返して，同じように頷いて応じてくれるようになった。初めのうちは怪訝そうに見返していた子も，今は頷き返してくれる。頷き返す「目」に凛としたものを感じるようにようにもなった。「目」と「目」とのコミュニケーションが，彼らに何らかの力となっているように思う。

具体的なエピソードがある。給食の放送のアナウンスで小さな失敗をした子が，暗い表情で，うな垂れてランチルームに戻ってきた。いつものように力強い「目線」を向ける。目が合ったことを確認してから，小さく頷く。それだけだったが，彼女はいつもの表情に戻り前を向いて席に戻った。次の委員会のとき，その子が話してくれた。「失敗して，『しまった』って思ってたんだけど，先生がいつも通りに頷いてくれたから，大丈夫だったのかなって思えたの。」

いつも「目線」を向けていることが，「目力」に込めた思いが，伝わってわっていることが確認できた，うれしい一言だった。私の目は，確かに彼女を支え，前向きな思いを引き出したのだ。

「子どもに向ける『目線』『目力』」実践化のポイントと課題

「目」を意識した子どもとの関わりを実践して，二瓶先生の「目線」「目力」は，その経験や知識から生じるであろう余裕，大きな存在感があって初めて，子どもを支え，やる気を引き出すものになるのであろうことが分かった。追試しようにも，遠い目標だ。ただ，二瓶先生の「目」のような相手の心に訴えかける，染み入るような立ち居振る舞いを，自分なりに追求することは，教師力を高めるために心がけるべきものであろう。

編 著 者
───────────────────────────

二瓶弘行

筑波大学附属小学校教諭
1957年新潟生まれ。早稲田大学卒業後、新潟県内公立小学校に10年間勤務。上越教育大学大学院の修士課程を経て、1994年から現職。平成30年春、24年勤務した筑波大学附属小学校を退官する
立教大学非常勤講師、国語教室ネットワーク「ひろがれ国語」代表、国語"夢塾"塾長、全国国語授業研究会理事、東京書籍小学校国語教科書編集委員
※本書では第1章執筆

実践 二瓶メソッドの国語授業
───────────────────────────

2018（平成30）年2月20日　初版第1刷発行

編 著 者　二瓶弘行
著　　者　夢の国語授業研究会
発 行 者：錦織　圭之介
発 行 所：株式会社　東洋館出版社
　　　　　〒113-0021　東京都文京区本駒込5丁目16番7号
　　　　　営業部　電話03-3823-9206　FAX03-3823-9208
　　　　　編集部　電話03-3823-9207　FAX03-3823-9209
　　　　　振替　00180-7-96823
　　　　　URL　http://www.toyokan.co.jp

装幀・本文デザイン：明昌堂株式会社
印刷・製本：藤原印刷株式会社
ISBN978-4-491-03486-7
Printed in Japan

JCOPY ＜(社)出版者著作権管理機構　委託出版物＞
本書の無断複写は著作権法上での例外を除き禁じられています。複写される場合は、そのつど事前に、(社)出版者著作権管理機構（電話03-3513-6969、FAX 03-3513-6979、e-mail：info@jcopy.or.jp）の許諾を得てください。